HUIT LEÇONS
SUR L'AFRIQUE

DU MÊME AUTEUR

Au jour le jour, poésie, Maison rhodanienne de poésie, 1993

La Légende de l'errance, poésie, L'Harmattan, 1995

L'Usure des lendemains, poésie, prix Jean-Christophe de la Société des poètes français, Nouvelles du Sud, 1995

Les Arbres aussi versent des larmes, poésie, L'Harmattan, 1997

Bleu Blanc Rouge, roman, Grand Prix littéraire de l'Afrique noire, Présence Africaine, 1998

Quand le coq annoncera l'aube d'un autre jour..., poésie, L'Harmattan, 1999

L'Enterrement de ma mère, récit, Éditions Kaléidoscope (Danemark), 2000

Et Dieu seul sait comment je dors, roman, Présence Africaine, 2001

Les Petits-Fils nègres de Vercingétorix, roman, Le Serpent à Plumes, 2002 et «Points», n° P1515

Contre-offensive (ouvrage collectif de pamphlets), Pauvert, 2002

Nouvelles Voix d'Afrique (ouvrage collectif de nouvelles), Éditions Hoebeke, 2002

African psycho, roman, Le Serpent à Plumes, 2003 et «Points», n° P1419

Nouvelles d'Afrique (ouvrage collectif de nouvelles accompagnées de photographies), Gallimard, 2003

Tant que les arbres s'enracineront dans la terre, poésie, L'Harmattan / Mémoire d'encrier (Canada), 1995-2004 et «Points», n° P1795

Tant que les arbres s'enracineront dans la terre, suivi de *Congo*, «Points Poésie», n° P4612, 2017

Verre Cassé, roman, prix Ouest-France / Étonnants Voyageurs 2005, prix des Cinq Continents 2005, prix RFO 2005, Seuil, 2005 et «Points», n° P1418

Vu de la Lune (ouvrage collectif de nouvelles), Gallimard, 2005

Suite en fin d'ouvrage

ALAIN MABANCKOU

HUIT LEÇONS SUR L'AFRIQUE

BERNARD GRASSET
PARIS

ISBN 978-2-246-81218-0

Tous droits de traduction, de reproduction et d'adaptation
réservés pour tous pays.

© *Éditions Grasset & Fasquelle*, 2020.

AVANT-PROPOS

Tout avait commencé en 2015 par un courriel d'Antoine Compagnon, titulaire de la chaire de Littérature française et moderne au Collège de France. Il m'apprenait que mon nom revenait depuis un certain temps au sein du Collège, qui souhaitait m'attribuer la chaire annuelle de Création artistique, une première pour un écrivain, soulignait-il.

Des paramètres liés à l'histoire littéraire du continent noir m'incitaient à franchir le Rubicon. En effet, à l'époque où j'étais encore étudiant à Paris, chaque fois que je passais devant les bâtiments du Collège de France, je ne pouvais pas ne pas songer au Congrès des écrivains et artistes noirs qui se déroula juste à côté, à la Sorbonne, en 1956. Pour moi, ce quartier du Ve arrondissement est toujours « habité » par la silhouette d'Alioune Diop qui organisa ce Congrès après avoir fondé la revue *Présence Africaine* (1947), puis une maison d'édition portant également le nom de Présence Africaine (1949), sise jusqu'à ce jour au 27 bis rue des Écoles, donc à quelques centaines de mètres seulement du Collège. Le Quartier latin était alors une

Huit leçons sur l'Afrique

véritable « Afrique intellectuelle » à Paris, le lieu exact de naissance et de légitimation de ce qu'on appelle désormais « la pensée noire ». Léopold Sédar Senghor, Aimé Césaire, Bernard Dadié, Cheikh Anta Diop, Amadou Hampâté Bâ, Léon-Gontran Damas, Jacques Rabemananjara et d'autres précurseurs du courant de la Négritude fréquentaient la librairie et les éditions Présence Africaine, de même que les intellectuels français, et non des moindres, qui soutenaient ce bouillonnement culturel du monde noir : Théodore Monod, André Gide, Jean-Paul Sartre, Georges Balandier, Michel Leiris ; mais aussi des personnalités venues d'autres espaces linguistiques, et je pense à Pablo Picasso, à Richard Wright, à James Baldwin, à Joséphine Baker, etc.

Malgré cette effervescence culturelle en plein cœur de Paris, l'Afrique demeurait absente au Collège de France. Absente vraiment ? Pas tout à fait, dans une certaine mesure, car il y avait du temps de l'Empire colonial français des chaires sur les « pays du Sud » – en réalité de l'espace colonial français à travers les quatre coins de la terre –, mais ces études mettaient plutôt l'accent sur l'Afrique du Nord, son histoire, la sociologie musulmane. Et, pour couronner le tout, elles étaient financées non pas par l'Éducation nationale française, mais par les institutions coloniales !

La chaire des Études comparées des sociétés africaines, occupée par l'ethnologue et anthropologue Françoise Héritier dans les années 1980, était une réelle avancée au regard du charisme et de la réputation intellectuelle de

Avant-propos

sa titulaire. Cet enseignement riche et passionné n'avait pourtant pas créé au sein du système éducatif français l'élan que nous espérions, celui qui aurait bousculé les esprits et hâté l'avènement des «études africaines» dans ce temple du savoir. Aux États-Unis où j'enseigne, elles existaient depuis bien longtemps, avec des chaires souvent confiées aux universitaires, écrivains et artistes africains ou d'ascendance africaine, tous formés dans les facultés françaises, une lancée qui s'est poursuivie avec la présence du Martiniquais Édouard Glissant (Louisiana State University et City University of New York), de la Guadeloupéenne Maryse Condé (Columbia University à New York), de l'Algérienne Assia Djebar (New York University), du Camerounais Achille Mbembe (Northwestern University à Chicago, University of California à Irvine, University of California à Berkeley, et University of the Witwatersrand en Afrique du Sud), du Sénégalais Souleymane Bachir Diagne (Columbia University à New York), du Djiboutien Abdourahman Waberi (Claremont McKenna College en Californie ; George Washington University à Washington DC), etc.

Je n'ai jamais pensé pour ma part que cette «absence africaine» était la preuve d'un grand complot du milieu universitaire français souvent houspillé à tort. Chaque chose arrive en son temps et, sans baisser les bras, il nous faut progressivement forcer les portes en expliquant comment le monde de demain sera celui de l'expression des voix qui n'ont pas été prises en compte dans le grand concert des civilisations. Ces voix qualifiées à tort de «lointaines» constituent les pièces manquantes qui nous permettraient de définir notre humanisme de la manière la plus diversifiée.

Je ne déduirais donc pas que l'Afrique n'existe pas dans le système éducatif français, il y a plutôt une frilosité lorsqu'il s'agit d'intégrer les questions liées à l'histoire de la colonisation, les études africaines étant encore considérées en France comme suspectes, réactionnaires, démagogiques, portant en elles la mauvaise réputation de contredire la « belle et glorieuse » histoire de la nation française qui ne devrait en aucun cas céder au « sanglot de l'homme blanc ».

Parler autrement de l'Afrique est de ce fait perçu comme une charge à l'encontre de l'ancienne puissance coloniale qui a écrit et enseigne sa version de la *rencontre* avec le continent noir et ne souhaite pas que quelques « agités du bocal » viennent raturer cette admirable épopée. La crainte de certains de ces réfractaires pourrait se résumer en ceci : les études africaines, les études postcoloniales sont dangereuses et nocives, elles mettent sans cesse l'Europe sur le banc des accusés. Ce qui est une aberration puisque ces études véhiculent le souffle de l'altérité, le refus d'une vision unilatérale, figée et arbitraire de notre passé commun, la nécessité de ne jamais escamoter les conquêtes, les heurts, les complicités, les divisions, les hypocrisies, les ingratitudes, les guerres, etc.

Souvenons-nous que le Collège de France existe depuis 1530 et qu'à l'époque de sa création l'Afrique n'était pas une zone perdue ou un espace de désordre

Avant-propos

comme on aura tendance à le clamer dans le dessein de justifier la cohorte des expéditions coloniales et leur prétendue mission civilisatrice ! Non, cette Afrique-là, dessinée grossièrement par l'Occident, est une Afrique fantasmée et hostile au discours contradictoire. Il suffit, pour s'en convaincre, de relire les livres de l'explorateur Olfert Dapper (1639-1689) un siècle après la fondation du Collège. Ce Néerlandais, spécialiste des « régions inconnues », donnait par exemple une description détaillée du royaume Kongo en Afrique centrale, avec sa hiérarchisation politique et son indéniable prestige intellectuel. En Afrique de l'Ouest, du côté de Tombouctou, l'on savait, par le diplomate-explorateur Hassan al-Wazzan (alias Léon l'Africain) et d'autres témoignages concordants, que la connaissance était présente.

Le XVIe siècle sera également le moment où s'amoncelleront les préjugés qui allaient faire de nous autres Africains des exclus. Pour le monde occidental, comme j'allais le rappeler dès ma première leçon, nous n'étions pas faits pour penser et, jusqu'à l'époque de la littérature coloniale écrite par les Européens, nous n'avions toujours pas la parole, l'Europe parlait en notre nom, nous réduisant dans un statut d'incapacité civique et intellectuelle qui n'allait être contesté qu'à partir de l'émergence d'une véritable littérature africaine, opposée à la littérature écrite sur l'Afrique par les Européens qualifiée également de littérature… africaine !

J'avais tout cela dans mon esprit en acceptant de compter parmi les membres du Collège de France. Si j'avais senti que je devais cet honneur à la couleur de ma peau, cela m'aurait davantage froissé que fait plaisir, et j'aurais décliné sans remords cette invitation. J'aimais plutôt me dire que c'était un écrivain qu'on sollicitait – et Antoine Compagnon insistera longuement là-dessus lors de son introduction pour me présenter. Par ailleurs, j'avais conscience que je ne venais pas en ces lieux dans le dessein de concurrencer les spécialistes de Charles Baudelaire, de Victor Hugo, de Marcel Proust et de bien d'autres auteurs qui ont marqué les lettres françaises. Le Collège ne m'avait rien imposé ou suggéré, il ignorait même le champ d'études que j'embrasserais et peut-être s'attendait-il qu'en ma qualité d'écrivain à qui on a confié la chaire de Création artistique, je puisse m'appesantir sur le «métier» de l'écriture, une sorte «d'atelier d'écriture» de prestige. Mais pourquoi serais-je entré directement dans la «technique» de l'écriture sans me soucier avant tout de mes «origines», celles puisées dans cette littérature africaine née du refus des canons imposés par les lettres européennes dans lesquelles l'Africain n'était qu'un comparse muet, rabaissé, escortant l'Européen dans ses équipées les plus exotiques et ne s'exprimant que par des onomatopées? J'ai par conséquent proposé au Collège une introduction à l'écrit en français provenant de l'Afrique noire, espace vu de nos jours comme le théâtre des guerres ethniques, des dictatures, des républiques bananières malgré «les soleils des Indépendances» des années 1960 qui avaient sonné pourtant l'heure de l'émancipation de ces nouveaux États dont les frontières avaient été tracées par les anciennes puissances coloniales

Avant-propos

européennes lors de la fameuse Conférence de Berlin qui eut lieu entre le 15 novembre 1884 et le 26 février 1885.

Mon objectif, formulé donc en toute indépendance, mariné dans mon for intérieur, avec la liberté que me confère l'Art, était clair et n'allait plus varier : combler un vide en posant un regard sur le parcours de ces littératures pour que puissent enfin résonner les noms d'écrivains majeurs reconnus ailleurs mais quasiment méconnus en France où ils ont pourtant été publiés dans la même langue et les mêmes maisons d'édition que leurs collègues français. L'angle de cette entreprise serait de démontrer comment le texte en français n'a pas qu'un seul centre de gravité, la France, qu'il est tentaculaire, avec une géographie dépassant le cadre étriqué du continent européen et couvrant de vastes espaces qui ne cessent de ravitailler le génie de l'imaginaire en français et de l'exporter à travers les cinq continents.

Ayant accepté ma charge, il me fallait à présent passer à l'étape suivante : commencer à écrire la leçon inaugurale. Celle-ci est ainsi la feuille de route, et peut-être, par bonheur, ce qui restera lorsqu'on aura tout oublié ! Je tenais à ce qu'elle reflétât ma personnalité – le *je* était donc nécessaire –, et je la considérais comme le prolongement de ma carte d'identité. La leçon prendrait bien sûr ancrage sur l'histoire littéraire et, dans cette optique, je rappellerais certaines idéologies sur la race, l'idée que l'Occident avait de l'Afrique à l'époque des explorations, des expéditions coloniales et comment, partant des conceptions les plus surannées, la littérature africaine d'expression française avait malgré cela pu éclore et donner naissance à ce qui était et demeure plus que jamais pour nous un héritage inaliénable : la conception de notre univers par nous-mêmes, les Africains.

Je me répétais sans relâche que je me garderais d'être un écrivain englué dans une sorte d'africanisme grégaire et qui arriverait au Collège avec une arme de destruction massive et une liste des atrocités que l'Occident avait perpétrées dans mon continent ! Au contraire, je serais aussi reconnaissant à l'égard des imaginaires venus d'autres lieux et qui m'avaient permis de m'ouvrir au monde, ce monde que je considère comme un langage, tout en ne perdant pas de vue le recours à la critique objective…

Cette première leçon étant vécue comme le moment le plus important de la chaire, la préparation n'était pas de tout repos entre les appréhensions, l'absence de sommeil à quelques jours de l'événement, les incertitudes permanentes nourries par le sentiment qu'une « maille rongée » pourrait brusquement « emporter tout l'ouvrage », comme dirait La Fontaine. J'étais dans l'état d'esprit de l'étudiant qui préparait un grand oral, avec des livres partout et des notes collées sur tous les murs !

Dans sa forme traditionnelle, la leçon inaugurale expose le sujet, s'ouvre aux questions qui vont être traitées tout au long de l'année dans un enseignement différent de celui de l'université, sans notation, avec des cours, des séminaires et des intervenants. C'est dans cet esprit que j'avais lu pendant des mois plusieurs de ces leçons et m'étais procuré les cours de différents professeurs dans

Avant-propos

des disciplines aussi variées que la théologie, l'anthropologie de la nature, l'histoire – avec notamment *Ce que peut l'histoire*[1], la magnifique leçon inaugurale de Patrick Boucheron.

Il me fallait écrire la mienne, la dérouler devant un public dont j'ignorais la composition jusqu'avant mon entrée dans l'amphithéâtre Marguerite de Navarre. J'étais loin de penser que ce 17 mars 2016 plus de mille trois cents personnes se bousculeraient au portillon, que la presse (française et internationale) serait elle aussi au rendez-vous et qu'exceptionnellement la leçon serait diffusée par Radio France Internationale – ce qui permettrait aux Africains de la suivre en intégralité depuis le continent.

J'étais ému de constater que parmi les Africains et les personnes d'ascendance africaine, beaucoup poussaient pour la première fois la grille d'entrée du Collège de France, patientant durant des heures et des heures devant l'amphithéâtre Marguerite de Navarre où se dérouleraient mes cours et mes séminaires. Ils étaient là non pas uniquement pour manifester leur fierté de voir leur «frère», mais également pour saluer la présence des lettres du continent noir dans cette illustre enceinte. Pour eux, c'est l'Afrique qui entrait au Collège de France par la grande porte...

Cette présence de l'Afrique au Collège est à encourager, et je suis optimiste dans ce sens au regard de l'ouverture du corps professoral et de la réception exceptionnelle que m'avait réservée le public et la presse française durant mes cours. C'est donc avec un immense plaisir que je propose ici mes huit leçons qu'il faudra parcourir comme une invitation au dialogue en vue d'une relecture apaisée et courtoise de notre passé commun. Ce n'est qu'à ce prix que notre présent ne sera plus enchaîné par les préjugés, et notre avenir pollué par les discours des éternels marchands de chimères. En fin de volume j'ai souhaité rajouter deux documents : ma lettre ouverte au président de la République française au sujet de la francophonie et mon allocution à Reims, à l'invitation du chef de l'État français en vue de célébrer la mémoire des tirailleurs africains qui ont combattu pour la France. Ces deux textes sont de près ou de loin un prolongement de mon passage au Collège de France.

Los Angeles, le 30 mai 2019.

PREMIÈRE LEÇON

Lettres noires : des ténèbres à la lumière
(17 mars 2016)

Monsieur l'Administrateur du Collège de France,
Mesdames et Messieurs les Professeurs,
Dès 1916, on commença à diffuser en France l'allégorie de « Banania », créée un an plus tôt par l'artiste Giacomo de Andreis et qui marqua le siècle, fixant une image coloniale éternelle de l'homme noir.
À partir de 1917, le slogan dévastateur « Y'a bon » lui sera associé, et la réaction du « monde noir » viendra le 2 février 1919, à Paris, avec le Congrès de la race noire, juste deux années avant la parution de *Batouala*, le premier « roman nègre » signé par René Maran et primé par le Goncourt...
Les années 1930 ouvrirent l'ère de la fierté nègre et en 1956 se déroula, à quelques pas d'ici, à la Sorbonne, le Congrès des écrivains et artistes noirs à l'initiative de la revue *Présence Africaine*, à cette époque où la capitale française était considérée comme le « phare du monde noir ». Ce congrès eut lieu dans l'amphithéâtre René Descartes, qui avait hébergé la Déclaration universelle des droits de l'homme huit ans plus tôt, et il préludait l'heure des

indépendances africaines et de la libération de la pensée noire.

Plus près de nous, en 1968, le romancier malien Yambo Ouologuem reçut le prix Renaudot pour *Le Devoir de violence* et, plus près de nous encore, au milieu des années 1970, ce fut la fin d'une immigration jusque-là ouverte, mais en même temps, cette politique qui désignait dorénavant l'Autre comme la cause des malheurs de l'Europe ne pouvait pas étouffer la stupéfaction et les interrogations de certaines de ces populations noires parfois nées en France, vivant en France, ne connaissant que la France, et qui ne savaient donc plus si elles étaient d'ici ou de là-bas. Les « Noirs de France » revendiquaient alors de plus en plus leur place dans l'histoire de cette nation et, dans les années 1980, elle fut désormais sur les écrans avec le film *Black Mic-Mac* (1986).

En 1996, l'Académie française couronna *Les Honneurs perdus* de Calixthe Beyala. Débutait alors le temps d'une littérature d'ici, celle qui me conduira à publier en 1998 mon premier roman *Bleu Blanc Rouge* sur le mythe de l'Europe comme paradis pour les Africains, en cette période où la France, championne du monde de football pour la première fois, portée par l'euphorie de la victoire, se considérait comme « Black-Blanc-Beur » et aspirait à intégrer la question de l'esclavage dans sa mémoire collective.

Alors que nous sommes en 2016, c'est-à-dire un siècle après la vulgarisation des affiches Banania et soixante ans après le Congrès des écrivains et artistes noirs, la France se questionne encore sur les binationaux, tout en restant incapable de penser un monde qui bouge et de s'imaginer comme une nation diverse et multiple, donc riche et grande...

Au fur et à mesure que la date de mon intronisation au Collège de France approchait et que je poursuivais mes lectures pour préparer cette première prise de parole, je suis tombé sur un paragraphe de *La Littérature, pour quoi faire?* d'Antoine Compagnon, votre éminent collègue qui m'avait contacté en votre nom pour faire partie de votre famille cette année.

Dans cette leçon inaugurale prononcée le 30 novembre 2006, il avouait :

> « Vous n'imaginez pas tout ce qui manque à ma formation de lettré, tout ce que je n'ai pas lu, tout ce que je ne sais pas, puisque, dans la discipline où vous m'avez élu, je suis un quasi-autodidacte. J'enseigne pourtant les lettres depuis plus de trente années et j'en ai fait mon métier. Mais – comme je continuerai ici de le faire – j'ai toujours enseigné ce que je ne savais pas et pris prétexte des cours que je donnais pour lire ce que je n'avais pas encore lu, et apprendre enfin ce que j'ignorais[2]. »

Loin de me rassurer, cette lecture alimentait en moi une angoisse permanente, avec le sentiment que la tâche était lourde pour mes épaules au regard de l'histoire de la littérature du continent noir dans le siècle et de la place du passé colonial dans ce pays. Cruelle responsabilité pour moi, car je ne suis pas un professeur devenu un écrivain, mais un écrivain devenu professeur grâce aux États-Unis.

C'est donc l'écrivain qui vous parle aujourd'hui. C'est donc l'écrivain qui regarde le monde et ce siècle qui bascule dorénavant dans les bruits du présent et les bouleversements de la mondialisation. Tout cela, toutes ces responsabilités en ces lieux et en ce temps me conduisaient à une sérieuse interrogation : et si vous vous étiez trompés de personne ?

J'avais soudain trouvé le point de départ de mon allocution : commencer par vous décliner mon identité, et peut-être vous laisser l'opportunité de vous rétracter, l'erreur étant humaine…

Qui suis-je au fond ?

Vous n'aurez pas de réponse dans mes deux passeports congolais et français. Suis-je un « Congaulois », comme dirait le grand poète congolais Tchicaya U Tam'si ? Suis-je un « binational », pour coller à l'air du temps ?

En réalité, en 1530, année de la création du Collège de France – j'allais dire du Collège royal –, je n'existais pas en tant qu'être humain : j'étais encore un captif et, en Sénégambie par exemple, un cheval valait de six à huit esclaves noirs ! C'est ce qui explique mon appréhension de pratiquer l'équitation, et surtout d'approcher un équidé, persuadé que la bête qui me porterait sur son dos me rappellerait cette condition de sous-homme frappé d'incapacité depuis la « malédiction de Cham », raccourci que j'ai toujours combattu. Mais ce mythe de Cham, revisité

Lettres noires : des ténèbres à la lumière

selon les époques et les circonstances, a nourri en grande partie un certain racisme à mon égard et a servi de feuille de route à l'esclavage des Noirs dans ses dimensions transatlantique et arabo-africaine. En même temps, de près ou de loin, il m'a sans doute inoculé la passion des mots, le désir de conter, de raconter et de prendre la parole.

Si ma couleur de peau, que je ne troquerais pour rien au monde, est absente des textes religieux rapportant cet épisode, on la retrouve curieusement chez Origène, le père fondateur de l'exégèse biblique, qui introduisit au IIIe siècle l'idée de la noirceur du péché. Être noir sera par conséquent un destin pour des millions d'individus, parce que cette couleur, jetée en pâture, *cousue de fil blanc*, était devenue une posture face à l'Histoire. Le combat des femmes et des hommes épris de liberté, d'égalité et de fraternité – j'inclus les écrivains et les professeurs qui m'ont précédé – a contribué à nuancer les choses.

Pourtant, je suis le même homme : j'ai gardé mon nez épaté, et vous avez depuis longtemps dépassé les clichés des XVIe et XVIIe siècles où, ainsi que le note François de Negroni, certains abbés professaient que « les Noirs n'étaient en rien fautifs, ne devaient leur couleur qu'au soleil de leurs latitudes, qu'ils auraient une meilleure odeur s'ils vivaient dans le froid, et que si les mères africaines cessaient de porter les enfants écrasés sur leur dos, les nègres auraient le nez moins épaté[3] ».

Tout cela est, certes, de l'histoire ; tout cela est, certes, du passé, me diraient certains. Or, ce passé ne passe toujours pas, il habite notre inconscient, il gouverne parfois bien malgré nous nos jugements et vit encore en nous tous, car il écrit nos destins dans le présent.

En m'accueillant ici, vous poursuivez votre détermination à combattre l'obscurantisme et à convoquer la diversité de la connaissance. Je n'aurais pas accepté cette charge si elle était fondée sur mes origines africaines, et j'ai su que mon élection était singulière par le fait que vous élisiez pour la première fois un écrivain à cette chaire de Création artistique, et je vous remercie sincèrement de me compter parmi les illustres membres de votre institution.

En un mot, je suis fier et heureux d'être ici, parmi vous, avec vous...

Mesdames, Messieurs,
En guise d'ouverture générale à mes prochaines leçons dans cette chaire de Création artistique, je vous propose de revenir sur quelques-unes des accointances de la littérature coloniale française avec la littérature d'Afrique noire d'expression française, à laquelle il conviendra – dans les marges et dans le récit parfois chaotique – d'associer les littératures caribéenne et afro-américaine. Sinon, que serait l'histoire de l'immigration noire en France sans le *Banjo* de Claude McKay ? Sinon, que serait la pensée noire sans les poèmes et les passions d'Aimé Césaire ?

Oui, la littérature d'Afrique noire et la littérature coloniale française sont à la fois inséparables et antagoniques au point que, pour appréhender la création littéraire

Lettres noires : des ténèbres à la lumière

africaine contemporaine et le roman actuel issu des présences diasporiques, nous devons relire à la loupe les écrits coloniaux, donc nous garder de les considérer comme poussiéreux ou destinés à être dispersés dans le fleuve de l'Oubli. C'est un constat indéniable : la littérature coloniale française a accouché d'une littérature dite « nègre », celle-là qui allait revendiquer plus tard une parole interdite ou confisquée par l'Occident, permise parfois sous tutelle ou sous le couvert d'une certaine aliénation culturelle, jusqu'à la franche rupture née de la « Négritude », ce courant qui, dans l'entre-deux-guerres, exaltait la fierté d'être noir et l'héritage des civilisations africaines, et qui sera l'objet de ma prochaine leçon. Cette continuité est celle du temps, comme l'armée sénégalaise est le fruit des tirailleurs sénégalais, comme les frontières du Congo sont le résultat de la Conférence de Berlin qui partagea l'Afrique, et comme la langue française en Afrique est le fruit évident des conquêtes coloniales.

Si, pour nous, depuis l'Europe, l'Afrique est aujourd'hui proche, elle a été pendant longtemps le territoire des légendes entretenant l'intérêt des investigateurs obnubilés par la quête de lieux mythiques, comme la ville de Tombouctou, les sources du Nil, l'empire du Monomotapa ou celui des Songhaï. La recherche de ces *terrae incognitae* mobilisa les plus grands explorateurs. Quand ils ne trouvaient pas ce qu'ils cherchaient, souligne Jean de la Guérivière, « les explorateurs se chargeaient de créer un mythe nouveau par l'embellissement de découvertes parfois fortuites ». Tous aspiraient à imiter Hassan al-Wazzan, dit Jean-Léon de Médicis ou « Léon l'Africain[4] », lui qui, sur demande du pape Léon X, écrivit sa fameuse *Cosmographia de Affrica*, publiée à Venise sous le titre de *Description de l'Afrique*, ouvrage de référence, pionnier, sur l'Afrique du XVIe siècle...

Au siècle suivant parut une autre *Description de l'Afrique*, publiée par le Hollandais Olfert Dapper. Ce dernier décortiquait avec une précision d'entomologiste le continent en établissant des cartes qui firent le bonheur des géographes de l'époque. Il n'avait jamais mis les pieds en Afrique mais, me rétorquerez-vous, Raymond Roussel n'avait pas non plus foulé les terres africaines pour écrire son roman *Impressions d'Afrique*, que les surréalistes avaient pourtant salué et qui avait même inspiré le peintre Marcel Duchamp.

Pour commettre sa *Description de l'Afrique*, Olfert Dapper avait recueilli la plupart de ses informations auprès de voyageurs, nombreux à Amsterdam à cette période. *Description de l'Afrique* pèche par sa vision ethnocentriste, et certaines de ses conclusions nous feraient sourire aujourd'hui, comme lorsqu'il est rapporté que les habitants de l'ancien royaume de Kongo sont des « gens fourbes, traîtres, [...] inquiets, querelleux et en même temps lâches et poltrons[5] ». Cependant, à la différence de ses contemporains, Dapper pouvait au moins revendiquer l'avantage d'avoir privilégié un angle interdisciplinaire, où l'histoire et la géographie côtoyaient la politique, l'économie, les us et coutumes. Notre époque n'est pas du tout rancunière puisqu'en 1986 un musée portant le nom de l'érudit hollandais et dédié aux arts d'Afrique noire a ouvert ses portes à Paris. Curieuse ironie, donc, puisque l'aveuglement d'un temps est devenu la lumière de notre présent...

Empruntant une autre démarche, le récit de l'explorateur écossais Mungo Park, *Voyage dans l'intérieur de l'Afrique* (1799/1800), s'attachait à combattre la vision qu'avaient les Européens de l'Afrique[6]. Comme ses collègues, Mungo Park était aussi séduit par les légendes qui entouraient le fleuve Niger – il fut même l'un des premiers Occidentaux à l'avoir exploré. En 1795, il arriva d'abord en Gambie, puis au Niger, à Ségou. Dix ans plus tard, lors d'un second voyage, il disparut sur le Niger dans des circonstances aussi énigmatiques que les légendes qui entouraient ce fleuve. Il aura œuvré toutefois à dépeindre une Afrique qui n'était pas celle de la damnation, soutenant au passage que le commerce, l'agriculture, les échanges entre les royaumes qui préexistaient dans le continent avaient été perturbés par la stratégie qui consistait à pousser les populations locales vers les lieux de mise en valeur des entreprises coloniales, rompant de ce fait cet équilibre qui l'avait émerveillé au cours de ses voyages. L'Écossais enrayait parallèlement le mythe du bon sauvage et mettait en exergue les bons et les mauvais côtés du Noir qui, à ses yeux, n'était pas si différent du Blanc. Ce furent peut-être les derniers moments de questionnement avant que le discours racialiste, avec sa cohorte de savants, n'emporte le XIXe siècle...

René Caillié, considéré en France comme l'homologue de Mungo Park, publia son *Voyage à Tombouctou* en 1830, huit ans avant sa mort[7]. L'explorateur français avait, lui, effectué plusieurs voyages en Afrique, au Sénégal et en Égypte, apprenant scrupuleusement les langues locales. Il se rendit dans le Fouta-Djalon, jusque sur le haut Niger, avant de progresser vers Djenné et Tombouctou. Le nom de Tombouctou dans le titre de son livre laisserait penser, à tort, qu'il avait consacré une étude approfondie à la légendaire et mystérieuse cité. Mais il avait fait l'essentiel, et il pouvait valablement toucher la prime alléchante qui avait été promise en ce temps par la Société de géographie de Paris au premier Européen qui se rendrait dans ces lieux, et les spécialistes de la littérature coloniale associent souvent le coup d'envoi de la littérature française d'exploration africaine à son ouvrage.

Les romans qui s'appuyaient d'ailleurs sur ces récits – comme *Cinq semaines en ballon* (1863) de Jules Verne – avaient pour ambition de faire connaître l'Afrique. Mais une certaine Afrique, précisons-le, une Afrique où les préjugés, nombreux, croisaient le désir d'exotisme et la passion de l'aventure. Il y avait, de ce fait, un appétit de *connaissance*, de *savoir*, une nécessité de combler le vide laissé par les explorateurs avec un foisonnement de descriptions et de références. C'est ce qui fait dire à Jean-Marie Seillan que la fiction d'exploration africaine n'aura de raison d'être « qu'aussi longtemps qu'il existe[ra] des taches blanches sur les cartes d'Afrique[8] ».

En inscrivant le *savoir* comme élément substantiel, les fictions d'exploration ne pouvaient que magnifier l'Afrique à leur manière – avec la maladresse prévisible d'en faire un continent unique, un continent de l'étrange et de la fascination. Le romancier d'exploration n'hésitait donc pas à prendre des libertés qui ne permettaient pas toujours au lecteur de séparer le bon grain de l'ivraie en un temps où le voyage vers l'Afrique était rare, exceptionnel et périlleux.

L'émergence ultérieure des romans d'aventures compliqua un peu plus l'équation puisque de la *connaissance*, du *savoir* prônés par les fictions d'exploration, nous nous acheminions vers des récits d'aventures africaines dans lesquelles la *possession* était désormais le trait dominant, comme dans *L'Étoile du Sud* (1884) de Jules Verne, *Le Trésor de Mérande* (1903) d'Henri de Noville ou encore les *Aventures périlleuses de trois Français au pays des diamants* (1884) de Louis Boussenard. Les personnages – dénués de scrupules et animés par l'appât du gain – régnaient dans un espace éloigné où tout était permis. L'Africain, lui, était en arrière-plan, à la merci des caprices d'un narrateur manichéen. Non, l'Africain n'était pas un homme invisible, il était même vu par l'aventurier, mais il ne pensait pas ; ce qui intéressait l'auteur de romans d'aventures, c'était le côté insolite et mystérieux de cet environnement et l'opposition d'un monde de civilisation au monde de ceux qui n'avaient «inventé ni la poudre ni la boussole, ceux qui n'avaient jamais su dompter la vapeur ni l'électricité, ceux qui n'avaient exploré ni les mers ni le ciel», pour reprendre les formules d'Aimé Césaire dans le *Cahier d'un retour au pays natal*.

Succédant à la vague de fictions d'exploration et d'aventures, une littérature française dite «exotique» accompagna, elle, les conquêtes coloniales – et c'est sans doute pour cela qu'elle avait parfois été perçue en opposition avec la littérature coloniale, comme si cette dernière était une étape ultérieure. Cette littérature exotique, selon Jean-François Staszac, « engage à reproduire un voyage qui a déjà été fait : celui d'où proviennent les textes ou les images si attirants qu'on veut aller les voir en vrai[9] ». Dans l'espace anglophone, le genre avait eu un tel succès que certaines fictions s'étaient vues érigées au rang de chefs-d'œuvre. En France, Jean-Marie Seillan, qui avait recensé plus d'une centaine d'œuvres de cette période, avoua ne pas en avoir raté une seule qui aurait eu la force d'un Joseph Conrad dans *Au cœur des ténèbres* ou d'un Henry Rider Haggard dans *Elle : un récit d'aventures*. L'universitaire n'avait trouvé qu'« un foisonnement de romans qui constituent un champ négligé de la littérature de la fin du XIXe siècle[10] ».

Les Britanniques n'échappèrent pas non plus aux pièges du genre. Pour l'écrivain nigérian Chinua Achebe, par exemple, *Au cœur des ténèbres* montrait une Afrique trop sombre, dans laquelle on ne voyait que sorcellerie et protagonistes obscurs qui n'étaient pas, de toute façon, les vrais acteurs du roman. Les Africains n'étaient qu'une « matière », les objets d'une analyse que Conrad avait décidé de faire du continent noir. À la rigueur, ce qui comptait pour l'écrivain anglais, c'était ce long voyage, c'était la remontée du fleuve Congo par son personnage principal mandaté par les Belges. Il n'y avait jamais une vraie introspection, un regard intérieur qui aurait pu aider à saisir l'« âme » de ces populations

Lettres noires : des ténèbres à la lumière

africaines, puisque Joseph Conrad présentait l'Afrique comme un «autre monde», un monde de la bestialité, en somme, «l'antithèse de l'Europe, par conséquent de la civilisation[11]».

Néanmoins, *Au cœur des ténèbres* demeure un livre majeur, bien au-delà de son siècle, puisqu'il inspira en 1979 le film devenu mythique et prophétique, *Apocalypse Now*, de Francis Ford Coppola.

Dans les œuvres exotiques aussi, comme dans les romans d'aventures, l'Africain jouait toujours un rôle caricatural et, pour l'heure, il n'y avait aucune concurrence de discours puisqu'il n'avait pas encore donné sa propre vision du monde – dans le même esprit d'ailleurs que la propagande coloniale, où ce qui était illustré ne parlait jamais, ne contredisait rien, ne prenait jamais la parole. Alors on se mettait à croire à cette propagande coloniale, comme on se mettait à croire en ces romanciers qui semblaient nous dire le vrai alors qu'ils inventaient un continent, alors qu'ils imaginaient les Noirs…

Le champ de la littérature coloniale, pour sa part, n'est pas aussi simple à déterminer. Bernard Mouralis nous rappelle combien, à l'époque de son rayonnement, cette littérature était tout simplement dénommée «littérature africaine» avant d'être qualifiée tour à tour de «littérature négrophile», de «littérature esclavagiste», de «littérature exotique» et, finalement, de «littérature coloniale[12]». Même si les mots se cherchaient, cette littérature avait marqué son temps et avait largement contribué à la culture coloniale, devenue durant cette période un des pivots de la pensée commune des Français sur le monde.

Dans un souci d'élargissement du corpus, János Riesz considère que la littérature coloniale ne peut être vue comme un ensemble cohérent dans la mesure où elle était portée par des genres aussi hétéroclites que les récits d'exploration, les mémoires des coloniaux ou des fonctionnaires, les textes de propagande, la poésie, le drame ou, pour ce qui nous intéresse, le roman.

Je rajouterais même qu'il est nécessaire de dépasser le poncif selon lequel la littérature coloniale serait essentiellement celle qui proviendrait du colonisateur – sinon, comment et où classer la littérature africaine de l'ère coloniale produite par les indigènes et qui annonçait déjà leur volonté de ne pas laisser les autres bêler à la place de la chèvre ?

Inscrire le roman africain de cette période dans la sphère du roman colonial ne signifie pas lui affecter le même discours que la production littéraire coloniale française, bien au contraire. De fait, même à l'intérieur de ce que j'appellerais la «fiction coloniale africaine», on rencontrait forcément des subdivisions entre, d'un côté, les auteurs qui prêchaient plutôt une certaine conciliation à l'égard de la culture occidentale – avec le risque d'être taxés d'«assimilés» – et, de l'autre, ceux qui opéraient une rupture radicale, dans un élan farouche d'illustration des civilisations africaines qui a connu un moment de basculement dans les années 1930 avec la Négritude que je viens d'évoquer.

Lettres noires : des ténèbres à la lumière

La littérature française des colonies – ou sur les colonies – se démarquait de celle, exotique, qui la précédait en ce que les écrivains coloniaux posaient comme préalable la *connaissance*, le *vécu* dans les colonies. Un peu comme dans la littérature de voyage, qui n'était pas faite pour les casaniers : connaître la situation coloniale, c'était en comprendre de l'intérieur les mécanismes, que l'on soit zélateur ou critique ; c'était de l'intérieur que s'écrivait cette littérature. Être né dans les colonies était un plus, affirmait Roland Lebel dans *L'Afrique occidentale dans la littérature française*, où il érigeait carrément l'écrivain colonial Robert Randau, auteur du *Chef des porte-plume* (1922), au même rang que Rudyard Kipling, le romancier français – comme son homologue anglais – ayant vu le jour dans les colonies et ses livres étant de ce fait « le résultat d'une documentation directe, puisée dans la réalité d'événements vécus par lui[13]... ».

Dans l'esprit de la littérature coloniale, la légitimité du discours devait donc revenir à ceux qui vivaient – ou avaient vécu – la réalité coloniale, loin de l'attitude de ces voyageurs qui survolaient le continent et s'empressaient de raconter leur pèlerinage. Ce principe disqualifiait, par exemple, les écrits d'André Gide, *Voyage au Congo* et *Retour du Tchad*. C'était cette exigence du vécu qui corrobore l'idée que la littérature coloniale avait pris son élan avec la mise en place de la colonisation, et son objectif était clair : justifier l'entreprise coloniale.

Les réserves émises par les écrivains coloniaux à l'égard des écrivains voyageurs sonnent plutôt comme une attitude de préservation d'un pré carré tropical puisque plusieurs de ces écrivains voyageurs, comme Gide, changeront davantage le regard sur l'époque coloniale et l'Afrique moderne que les dizaines de livres, pourtant à succès, d'Henry Bordeaux, des frères Tharaud ou du commandant Jean Renaud.

Il y avait donc, chez certains écrivains voyageurs, un discours qui mettait à mal les fondements du système colonial, et le préalable de l'expérience de terrain n'était alors qu'une échappatoire car, dans l'entre-deux-guerres, l'ethnologie en appelait, elle aussi, à la même rigueur. Michel Leiris avouera, d'ailleurs, dans sa préface à *L'Afrique fantôme* : « Passant d'une activité presque exclusivement littéraire à la pratique de l'ethnographie, j'entendais rompre avec les habitudes intellectuelles qui avaient été les miennes jusqu'alors et, au contact d'hommes d'autre culture que moi et d'autre race, abattre des cloisons entre lesquelles j'étouffais et élargir jusqu'à une mesure vraiment humaine mon horizon[14]. » Fort de ce constat, il multiplia les voyages en Afrique et aux Antilles. C'est à son retour de la Mission ethnographique et linguistique Dakar-Djibouti, guidée par Marcel Griaule, qu'il publiera en 1934 *L'Afrique fantôme*, somme immense dans laquelle on note non seulement une exigence scientifique, mais aussi un souffle poétique revisitant le genre du journal intime ou du carnet de route, et plaçant son auteur à mi-chemin entre l'ethnographie et le mouvement surréaliste.

Ce besoin de contact avait été observé bien avant par l'ethnologue Marcel Griaule, qui avait pris Leiris comme secrétaire-archiviste dans sa mission l'emmenant de

Lettres noires : des ténèbres à la lumière

Dakar à Djibouti. On reconnaît aujourd'hui l'importance des travaux de Griaule, mais surtout on constate avec quelle attention il avait regardé l'Afrique et l'humain, un tournant majeur dans la manière même de parler de ce continent.

C'est ainsi que s'affirmèrent des écrivains voyageurs qui, eux aussi, s'écartaient de plus en plus du lyrisme des récits d'exploration. On note, par exemple, le genre du récit-documentaire chez Paul Morand et son *Paris-Tombouctou* (1928) – mais les écrivains coloniaux auraient pu lui rétorquer que son récit sur Tombouctou n'occupait qu'une infime section du livre et que le voyage se passait en grande partie au Sénégal, au Soudan français, en Guinée, en Haute-Volta et en Côte-d'Ivoire[15].

On pense aussi aux pages explosives et incisives de *Voyage au bout de la nuit* (1932) de Louis-Ferdinand Céline et, en particulier, à sa description du Cameroun, où il avait vécu près d'une année après la Grande Guerre. Mais c'est André Gide qui porta assurément un grand coup aux écrivains coloniaux et devint, de ce fait, une de leurs cibles privilégiées – peut-être, rouspéteraient les coloniaux, parce que son voyage de sept mois en Afrique équatoriale française n'était pas suffisant pour suppléer une vraie et longue immersion. Ce fut néanmoins dans *Voyage au Congo* (1927) qu'il exposa les conditions de vie des autochtones, en particulier le travail forcé, les abus et la brutalité des compagnies concessionnaires en zones forestières, pratiques couvertes par l'administration coloniale. Certes, Gide ne remit pas en cause le système colonial, uniquement ses abus, sa violence et sa déshumanisation, mais il suscita toutefois un véritable débat jusque sur les bancs de l'Assemblée nationale française. La droite coloniale lui reprochait ses cris d'effroi, la gauche coloniale de ne pas voir l'œuvre civilisatrice de la France. Il avait seulement été lucide, et malgré sa lucidité, il ignorait sans doute comment sortir du tourbillon colonial.

La mise en cause du système colonial était néanmoins en marche, portée, entre autres, par *Terre d'ébène*, le brûlot d'Albert Londres qui parut d'abord dans le quotidien *Le Petit Parisien* en 1928, puis une année plus tard sous forme d'ouvrage chez Albin Michel. L'écrivain journaliste livrait le plus fort témoignage de l'époque sur les prétendues «ténèbres» africaines : c'était du Conrad, mais avec les chiffres en plus! Lorsque Londres décida de se rendre pendant quatre mois en Afrique, il dut jongler non seulement avec les fonctionnaires du ministère des Colonies qui avait été créé en 1894, mais aussi avec les petits fonctionnaires de l'Agence générale des colonies, instituée en 1919 et dont la mission quasi divine était de fabriquer une image idéale de l'épopée impériale, où les Blancs devaient servir de guides, les masses africaines étant contraintes de les suivre en souriant et, au milieu de ce monde idéal, les ponts, les routes et les quais portuaires devaient préparer l'Afrique de demain. Dans mon pays d'origine, le Congo, le chemin de fer qui coûta la vie à mes ancêtres était en pleine construction tandis qu'à Marseille s'était déroulée, en 1922, une seconde exposition coloniale, renforçant, comme le souligneront Pascal Blanchard, Nicolas Bancel et Sandrine Lemaire, l'essor de

Lettres noires : des ténèbres à la lumière

l'idée impériale et l'engouement pour les « zoos humains » qui résultaient « de la construction d'un imaginaire social sur l'Autre (colonisé ou non) ; ensuite, [de] la théorisation scientifique de la "hiérarchie des races" dans le sillage des avancées de l'anthropologie physique ; et, enfin, [de] l'édification d'un empire colonial alors en pleine construction[16] ».

C'est donc dans ce contexte que *Terre d'ébène* arriva. Ce livre illustra le courage et l'objectivité de ce journaliste et écrivain qui dénonçait le travail forcé, pour ne pas dire une autre forme d'esclavage perpétué dans les colonies par la France, la plus grande France, celle de la République. Ce chemin de fer du Congo, qui devait fendre les forêts africaines pour emporter les richesses du sol d'Afrique par-delà l'océan, devenait le symbole même de l'exploitation du continent par les colonisateurs.

Albert Londres dira dans sa préface, comme pour assumer ses prises de position inattendues au moment où le livre était critiqué :

> « Je demeure convaincu qu'un journaliste n'est pas un enfant de chœur et que son rôle ne consiste pas à précéder les processions, la main plongée dans une corbeille de pétales de roses. Notre métier n'est pas de faire du tort, il est de porter la plume dans la plaie[17]. »

Avec les textes des grands voyageurs, les enquêtes des reporters, les récits des écrivains français contestataires et les articles des journalistes lucides sur le monde d'alors se dessinait pour l'Afrique une prise de conscience qui éclatera avec l'avènement de la littérature africaine écrite par les Africains, pour les Africains – à première vue –, mais en réalité en forme de réponse à l'idéologie coloniale, donc mettant l'Europe sur le banc des accusés...

Mesdames et Messieurs,
On nous présente d'ordinaire le continent africain comme le lieu de prédilection de la littérature orale, traditionnelle. La formule d'Amadou Hampâté Bâ, généralement prise à tort comme argument indéniable de la prééminence de l'oralité africaine, est désormais un adage : « En Afrique, quand un vieillard meurt, c'est une bibliothèque qui brûle. »

Le contexte de ces propos, prononcés le 1er décembre 1960 lors de la onzième conférence de l'Unesco, était plutôt lié à la nécessité de préserver une des sources de l'histoire du continent, et c'est donc une idée erronée que de prétendre que l'Afrique aurait découvert l'expression écrite avec l'avènement de la colonisation et de la littérature coloniale. L'alphabet arabe préexistait à l'alphabet latin, introduit bien plus tard par les missionnaires. Les littératures traditionnelles d'Afrique, comme le soulignent Jean Derive, Jean-Louis Joubert et Michel Laban, « s'inscrivent toutes dans une civilisation de l'oralité, ce qui n'implique ni ignorance ni exclusion de l'écriture. Cela veut dire que, même lorsqu'elle laisse des traces écrites, la littérature traditionnelle n'est pas

Lettres noires : des ténèbres à la lumière

faite pour être consommée à la lecture mais pour être récitée sans support, en présence directe d'un auditoire, afin d'assurer la cohésion du groupe et la conscience communautaire[18] ».

Si la colonisation a engendré une littérature africaine d'expression française par le biais de l'acculturation, cette littérature africaine bénéficia parallèlement du souffle culturel venu de l'Amérique, où l'homme noir revendiquait son intégrité devant une nation ségrégationniste, qui poussa plus tard plusieurs écrivains et artistes afro-américains de renom à s'exiler en Europe, entre les années 1920 et 1930, en particulier en France, où ils trouvèrent un espace d'expression pour leur art. Cette Renaissance de Harlem transposée à Paris, qui irrigua la Ville lumière et conforta la pensée noire aux États-Unis, aura une influence directe sur l'émancipation des étudiants noirs en France. Ces rives afro-américaines de la Seine seront comme un aimant du monde au cœur de l'entre-deux-guerres, et – au-delà de la parenthèse lugubre de Vichy – cette passion se poursuivra dans les années 1950 pour faire de Paris la ville de l'émancipation des Noirs, non pas seulement d'Afrique, mais du monde entier, et dans le même temps, l'espace où la littérature coloniale prendra son envol vers une nouvelle destinée.

En 1956, à l'heure du Congrès des écrivains et artistes noirs déjà évoqué, et dans ce bouillonnement culturel de Paris, en décrivant la colonisation, en la déconstruisant, en la critiquant, plusieurs auteurs du continent africain s'inscrivaient dans la continuité de la littérature coloniale, mais en rupture avec le regard posé sur l'espace colonial qui, lui, avançait à grands pas vers les indépendances. On en retrouve une multiplicité de traces, notamment dans *Un Nègre à Paris* de Bernard Dadié (1959) où, dans une sorte d'«exotisme inversé», c'est l'Africain qui dissèque la civilisation occidentale.

Réhabiliter et exalter l'Afrique, tenir tête au discours occidental constituent les angles d'attaque de ce mouvement. Dire «non» par la création, convoquer la puissance de l'imaginaire, proposer une autre lecture du genre humain, telles allaient être les tâches des auteurs africains, aussi bien pendant la période coloniale qu'après les indépendances, dans une sorte d'inventaire des mémoires. En somme, cette littérature d'Afrique noire se donnait pour ambition non seulement de substituer la parole africaine à la parole du colonisateur, mais également de rejeter radicalement le répertoire de clichés du roman colonial, sa représentation du monde social et son idéologie. Mais avec quels livres ? Avec quels auteurs ? Quels mots pouvaient promouvoir cette révolution ? À partir de quelle date peut-on parler d'un *avant* et d'un *après* ?

Les premiers murmures se font entendre avec l'explorateur métis sénégalais Léopold Panet en 1850, qui explora certains lieux d'Afrique avant les Européens, et un autre métis, l'abbé David Boilat, qui publia ses *Esquisses sénégalaises* en 1853.

Mais l'année 1921 était, à n'en pas douter, ce moment-clé de l'élan des lettres négro-africaines, c'est-à-dire, deux ans seulement après le Congrès de la race noire à

Paris – qui est aussi le second Congrès panafricain. Le temps était à la critique.

C'est en effet en 1921 que parut le roman qui suscita à la fois de l'admiration et de vives critiques, avec son titre bien ancré, *Batouala*, sous-titré *Véritable roman nègre* et signé par René Maran. L'auteur, d'origine guyanaise, devint le premier Noir à obtenir le prix Goncourt, et le livre se déroule en Oubangui-Chari, où l'écrivain est stagiaire dans l'administration coloniale. Ce prix résonnait indirectement comme une réponse au sacrifice des tirailleurs sénégalais au cours de la Grande Guerre, que la marque Banania affichait désormais sur les murs de France à travers « l'ami Y'a bon », dont le sourire hantait des millions de Français en dette envers l'Afrique. Il résonnait aussi comme une réponse aux Allemands qui dénonçaient cette même année la présence de ces tirailleurs noirs outre-Rhin et parlaient de « honte noire ».

La préface de *Batouala* est une des charges littéraires les plus virulentes venant d'un Noir contre un système dans lequel il était intégré lui-même. Au-delà de ce texte liminaire, qui jeta un pavé dans la mare, *Batouala* est un roman qui ne tranche pas clairement le nœud gordien, une veine ambiguë que suivront des auteurs tels que les Sénégalais Ousmane Socé Diop et Abdoulaye Sadji, ou le Guinéen Camara Laye. Même si ces romanciers conciliants n'ont pas pour objectif d'attaquer frontalement l'Occident, ils combattent en toile de fond la thèse de la supériorité de la culture blanche en exposant une certaine réalité africaine. Mais *Batouala* demeure un roman colonial, comme l'écrit Andrea Cali, parce que Maran « laisse transparaître des préjugés de colonisateur dans sa présentation de certains aspects de la vie africaine, et ne remet pas vraiment en question les abus des colonisateurs dans le corps du récit[19] ».

Les rapports de Maran avec le système colonial illustrent une des grandes ambivalences des lettres négro-africaines, à savoir le désir d'assimilation patriotique de l'auteur aux élites françaises. Persuadé de son devoir de propagande impériale, à partir de 1937, René Maran sera financé par le Service intercolonial d'information et de documentation afin de rédiger des articles adressés gracieusement aux journaux qui soutenaient la propagande coloniale. Ce travail pour le compte du ministère des Colonies et de l'agence de propagande se poursuivit pendant une partie de l'Occupation, et il reçut en 1942 le prix Broquette-Gonin de l'Académie française, destiné à récompenser des auteurs remarquables pour leurs « qualités morales ». Il publia plusieurs ouvrages sur les bâtisseurs d'empires, notamment chez Gallimard, *Brazza et la fondation de l'AEF* (1941), et chez Albin Michel, *Les Pionniers de l'Empire* (1943). Même si, après la guerre, il participa au premier Congrès mondial des écrivains et artistes noirs, même s'il fut encore présent à la deuxième édition de ce congrès à Rome en 1959, son parcours dans les années 1930 soulève de multiples interrogations. Il signe en effet des textes dans *Candide* de 1933 à 1935 – un journal littéraire plutôt ancré à droite –, mais aussi dans *Vendémiaire*, et surtout dans *Je suis partout*, le grand journal fasciste français qui deviendra pendant la guerre un quotidien collaborationniste et antisémite de premier plan[20].

Lettres noires : des ténèbres à la lumière

Batouala aura toutefois une influence dans la génération des intellectuels noirs à Paris : Léopold Sédar Senghor reconnut que René Maran avait été le premier à « exprimer l'âme noire avec un style nègre en français[21] ». Sans doute Senghor et ses confrères de la Négritude étaient-ils conscients que certaines œuvres africaines parues après *Batouala* – comme *Force et bonté* (1926) de Bakary Diallo, ancien tirailleur sénégalais, qui fut le premier témoignage d'un Africain d'expression française sur la Première Guerre mondiale – étaient en général imprégnées d'une obédience à la colonisation dont elles appuyaient l'idéologie de la mission civilisatrice.

Il n'y avait pas d'excuses pour une littérature de soumission : l'époque était celle de la remise en cause des préjugés dans les arts graphiques et picturaux, avec notamment *Les Demoiselles d'Avignon* (1907) de Picasso, influencé dans son travail par les masques et surtout par les mouvements corporels novateurs venus du continent noir. Pour réaliser cette peinture, matrice artistique du XXe siècle naissant, Picasso s'était inspiré d'une carte postale du photographe Edmond Fortier montrant plusieurs femmes porteuses d'eau. Il l'avait acquise en visitant l'exposition coloniale de 1906 ici, à Paris, sous la coupole du Grand Palais. Dans ce zoo humain officiel, dans ce temple de la propagande coloniale naîtra un autre regard sur le monde, l'art et l'Afrique. Cette rupture est aussi présente dans la littérature avec l'*Anthologie nègre* de Blaise Cendrars, parue en 1921, la même année que *Batouala*.

Il n'y avait pas d'excuses pour une littérature de soumission : l'époque était également celle de la vulgarisation en Europe du jazz, des danses et des cultures noires en général. L'époque était enfin celle des thèses inattendues de l'ethnologue et archéologue allemand Leo Frobenius, qui démontait l'idée de la barbarie africaine et séduisait les Noirs de France, les encourageant à se départir de l'aliénation culturelle inculquée par l'éducation européenne, à reconsidérer le monde de fond en comble et à reconnaître l'apport de leurs propres civilisations à l'histoire de l'humanité. Et l'expression de cette posture de reconquête se manifesta dans les revues des étudiants, ne tenant parfois que sur quelques numéros, comme *La Revue du monde noir*, *Légitime Défense* – publications mises en cause par le gouvernement français, qui menaça notamment de supprimer leurs bourses –, ou encore *L'Étudiant noir*, revue dans laquelle on trouvait des textes d'Aimé Césaire, de Léopold Senghor ou de Léon-Gontran Damas.

Ces trois initiateurs de la Négritude furent également présents dans la revue *Présence Africaine*, créée par Alioune Diop en 1947. À travers ces liens entre générations se tissait une émancipation des mots qui était aussi celle des idées et des hommes, dans un monde colonial cadenassé, où l'Autre était désormais un sujet de l'Empire (devenu l'Union française). Autre ambiguïté de l'époque : le colonisé faisait parfois partie du cérémonial, du système, comme ministre, sénateur ou député. Une bonne partie des membres de l'élite noire embrassaient ainsi le *statu quo* en devenant des notables de l'Union française alors que l'autre partie parlait désormais de rupture radicale.

Lettres noires : des ténèbres à la lumière

Tout au long de cette décennie qui a connu la collaboration, la Négritude avait le vent en poupe – Léon-Gontran Damas publie *Pigments* (1935), Aimé Césaire édite *Cahier d'un retour au pays natal* (1939), Léopold Sédar Senghor rédige *Chants d'ombre* (1945) et surtout, trois ans plus tard, son *Anthologie de la nouvelle poésie nègre et malgache d'expression française*. Les trois auteurs sont même adoubés par des voix fortes de la littérature française : Césaire fut préfacé par André Breton, Senghor – comme plus tard Frantz Fanon – par Jean-Paul Sartre, et Damas par Robert Desnos.

Entre-temps, en 1948, l'*Anthologie africaine* de Senghor a démontré l'existence d'une poésie négro-africaine en français et a fait découvrir des poètes comme David Diop, Birago Diop, Guy Tirolien, Jacques Rabemananjara ou encore Lamine Diakhaté, donnant l'impression que la poésie était le genre de prédilection du courant de la Négritude. Mais le roman ne tardera pas à émerger et à occuper une place considérable…

Les premiers romanciers qui font leur apparition sont naturellement formés par l'école européenne selon le principe de l'assimilation qu'imposait l'administration coloniale et donc, au fond, avec toute la frustration d'une génération qui comprend qu'il ne s'agit plus seulement de démonter le système colonial mais de dégonfler les fondements d'une entreprise dont la Seconde Guerre mondiale a illustré l'absurdité. Il faut exposer la grandeur d'une Afrique défigurée mais digne, sur les traces de ce qu'avait écrit le Béninois Paul Hazoumé dans son roman historique *Doguicimi* (1938), rejoint plus tard par le Congolais Jean Malonga dans

La Légende de M'Pfoumou Ma Mazono (1954) ou le Guinéen Djibril Tamsir Niane dans *Soundjata ou l'épopée mandingue* (1960) sur la fondation de l'empire du Mali.

Mais toutes les œuvres de cette période turbulente n'étaient pas forcément étiquetées comme «engagées» dans la confrontation avec l'Occident. Certaines s'appliquaient plutôt à peindre les nouvelles mœurs africaines devant les charmes et les tragédies de la modernité, à disséquer le poids des traditions ancestrales dans la ligne des écrits fondateurs du Sénégalais Ousmane Socé – notamment *Karim*, publié en 1935 et sous-titré avec fierté *Roman sénégalais* –, comme dans *Un piège sans fin* (1960), d'Olympe Bhêly-Quenum, ou encore *Sous l'orage* (1957), du Malien Seydou Badian.

De tous les thèmes de cette période (entre 1935 et 1960), c'est la colonisation qui demeurait la question centrale ou guidait la démarche des auteurs. Dans *Climbié* (1956), par exemple, Bernard Dadié évoquait la question de l'acculturation par la langue française, dont l'apprentissage s'accompagnait des punitions les plus humiliantes. Ainsi s'interrogeait-il, avec une ironie digne des *Lettres persanes* de Montesquieu : «Quelles sanctions prendre contre les individus qui jouent si légèrement avec une langue aussi riche, coulante et diplomatique que la langue française?»

Le Camerounais Ferdinand Oyono s'attaqua pour sa part à l'ingratitude française dans *Le Vieux Nègre et la médaille* (1956), où l'autochtone avait tout donné à la France – les terres et des hommes pour aller combattre en Europe – et ne recevait en guise de reconnaissance

Lettres noires : des ténèbres à la lumière

qu'une médaille, dans des conditions à la fois loufoques et tragiques. Tel était déjà le cas dans le poème liminaire du recueil *Hosties noires* (1948) de Senghor qui, dès son ouverture, rendait hommage aux tirailleurs sénégalais en clamant :

> *Vous n'êtes pas des pauvres aux poches vides*
> *sans honneur*
> *Mais je déchirerai les rires banania sur tous les murs*
> *de France.*

En 1956, dans *Une vie de boy*, le même Oyono s'appesantit sur les relations colonisateur-colonisé, des relations marquées à la fois par la domination de l'un et la fascination de l'autre.

Considéré comme le Zola africain – peut-être pour sa veine naturaliste et la parenté de *Germinal* avec son roman *Les Bouts de bois de Dieu* (1960) –, le Sénégalais Sembène Ousmane évoqua dans sa fiction la grève des cheminots de la ligne Dakar-Niger en 1947-1948 pour illustrer les aberrations de la colonisation, allant de la corruption des chefs coutumiers aux brutalités des forces de l'ordre, avec, en toile de fond, le courage des femmes des grévistes qui entreprendront une longue marche de protestation.

Le Camerounais Mongo Beti – aussi connu sous le pseudonyme d'Eza Boto – devint le plus virulent de cette génération, avec son article polémique « L'Afrique noire, littérature rose » (1955), paru dans la revue *Présence Africaine*[22]. Il recommandait un engagement absolu de l'écrivain africain, ce qu'il démontra lui-même dans *Ville cruelle* (1956), pointant du doigt les abus dans l'exploitation des richesses du Cameroun par les colons avec la complicité de certains indigènes, ou encore dans *Le Pauvre Christ de Bomba* (1956), véritable réquisitoire contre une évangélisation imposée.

L'Aventure ambiguë (1961), du Sénégalais Cheikh Hamidou Kane, se pencha sur le sort du colonisé écartelé entre sa culture d'origine – du pays des Diallobé –, celle de l'école coranique et celle de l'école française où, comme le dit la Grande Royale, un des personnages du roman, on apprenait «l'art de vaincre sans avoir raison».

L'angle d'attaque était partout le même : la convocation d'une Afrique dite «profonde», «ancestrale», «traditionnelle» que l'on retrouvait chez Camara Laye, dans *L'Enfant noir* (1954), un roman qui divisa une bonne partie des écrivains de l'époque. Récit autobiographique au ton plutôt pondéré et serein narrant l'enfance et les traditions de l'auteur, *L'Enfant noir* agaça, horripila même le monde anglophone, le Nigérian Chinua Achebe le qualifiant de roman trop «sucré à son goût», tandis que le plus intransigeant des «procureurs» en langue française, Mongo Beti, écrivit :

> Laye ferme obstinément les yeux dans son roman *L'Enfant noir* sur les réalités les plus cruciales. Ce Guinéen n'a-t-il donc rien vu d'autre qu'une Afrique paisible, belle, maternelle ? Est-il possible que pas une seule fois Laye n'ait été témoin d'une seule exaction de l'Administration coloniale française ?

Lettres noires : des ténèbres à la lumière

Cette divergence entre Mongo Beti et Camara Laye définit au fond une ligne de rupture au sein de cette littérature africaine postcoloniale en train de se chercher. Beti « pense » la littérature et lui affecte une fonction précise : la libération des peuples africains des chaînes de la domination coloniale. Laye, à l'opposé, « vit » la littérature comme un moyen de capter l'individu, la famille, et il cultive par conséquent l'émotion, refusant que son « je » soit collectif, abstrait et moralisateur.

Ce sont ces deux voies que suivront les lettres africaines après les indépendances, avec des variantes selon les périodes, entre, d'une part, une « néo-Négritude » se confondant dans un africanisme identitaire et inflexible et, d'autre part, un besoin de liberté qui délierait l'écrivain des chaînes d'un engagement dans lequel il lui était impossible de s'exprimer à la première personne et d'embrasser des sujets selon les caprices de son art.

L'indépendance dans les thèmes abordés et la liberté de ton seront réunies dans deux des œuvres les plus emblématiques de la littérature africaine, *Le Devoir de violence* (1968) du Malien Yambo Ouologuem et *Les Soleils des indépendances*, de l'Ivoirien Ahmadou Kourouma. Ils seront d'ailleurs les deux premiers écrivains africains à remporter le prix Renaudot.

Dans *Le Devoir de violence*, les partisans de la Négritude en prennent pour leur grade car Yambo Ouologuem rompit la discipline imposée par la valorisation des civilisations noires et rappela comment l'esclavage de l'Afrique par les Arabes et la colonisation par les « Notables africains » existait déjà avant l'arrivée des Européens.

Huit leçons sur l'Afrique

Il écrivit dans la préface :

> C'est le sort des Nègres d'avoir été baptisés dans le supplice : par le colonialisme des Notables africains, puis par la conquête arabe [...]. Les Blancs ont joué le jeu des Notables africains...

Ahmadou Kourouma fera une synthèse entre l'Afrique ancienne et celle du présent dans *Les Soleils des indépendances* en campant le personnage de Fama, un prince malinké nostalgique de la grandeur de sa lignée et qui doit faire face non seulement au nouveau mode de vie, mais surtout à l'avènement du parti unique.

Ces deux romans inaugurèrent une période de désillusion : les indépendances africaines n'avaient pas apporté l'éclat du soleil attendu ; au contraire, le colon blanc avait été remplacé par le dictateur noir. Cet «afro-pessimisme» s'exprimera chez les écrivains majeurs de la fin des années 1970 et du début des années 1980 comme Mohamed Alioum Fantouré avec *Le Cercle des tropiques* (1972), Sony Labou Tansi avec *La Vie et demie* (1979), Tierno Monénembo avec *Les Crapauds-Brousse* (1979), Williams Sassine avec *Le Jeune Homme de sable* (1979) ou encore Henri Lopes avec *Le Pleurer-Rire* (1982).

Parallèlement, les années 1970 verront l'arrivée des femmes dans le paysage littéraire. La Malienne Aoua Keïta publie *Femme d'Afrique*, retraçant son itinéraire de sage-femme et de militante vue d'un mauvais œil par l'Administration coloniale et par les «anciens» de son village soucieux de préserver leurs intérêts. En 1978 sera édité *La*

Lettres noires : des ténèbres à la lumière

Parole aux négresses, de la Sénégalaise Awa Thiam. Préfacé par la militante féministe française Benoîte Groult, cet ouvrage avait consolidé la voie du « témoignage » dans les premiers écrits des femmes, avec de vraies paroles de celles qui avaient subi des injustices et des humiliations physiques ou morales.

Les deux plus grandes révélations seront cependant les Sénégalaises Mariama Bâ et Aminata Sow Fall. La première publiera *Une si longue lettre* (1979), « roman épistolaire » dans lequel son personnage, à la suite de la mort de son mari, revient sur son existence de femme mariée avec un homme polygame.

Aminata Sow Fall – que je considère comme la plus grande romancière africaine et à qui je consacre un chapitre dans mon essai *Le Monde est mon langage*[23] – publia en 1976 un premier roman intitulé *Le Revenant*. Elle apportait un ton et une originalité remarquables avec un regard éloigné de celui de ses consœurs, empêtrées pour la plupart dans les thématiques attendues de la condition féminine, de l'excision, de la polygamie, de la dot ou de la stérilité. Sow Fall privilégie le « citoyen narrateur » au détriment du personnage principal, féministe et trop sermonneur. Son roman le plus connu, *La Grève des bàttu* (1979), pourrait, dans une certaine mesure, même si l'auteure s'en défend souvent, être lu comme une charge contre la politique menée par le président-poète Léopold Sédar Senghor qui avait décidé, dans les années 1970, pour la « bonne image du pays », de traquer les mendiants des rues de Dakar.

Cette génération de femmes sera suivie par une nouvelle, incarnée par la Sénégalaise Ken Bugul et la

Camerounaise Calixthe Beyala. Si Ken Bugul est à cheval entre la thématique de l'aliénation du colonisé et celle de la réalité des us et coutumes du continent – comme dans *Riwan ou le chemin de sable*, où la narratrice, ayant séjourné en Europe, rentre au pays et choisit de se dépouiller de son acculturation en embrassant les traditions de ses racines –, Calixthe Beyala se tourne vers une littérature de migration car, désormais installés en France, les écrivains alors en vogue à la fin des années 1980 et tout au long des années 1990 suivent les errances de l'Africain. Celui-ci, éloigné de son continent, devra composer avec la rumeur du monde et les nouvelles injustices liées à sa condition d'immigré. Bessora, Fatou Diome, Daniel Biyaoula, J. R. Essomba, entre autres, sont des exemples de cette tendance, à savoir une littérature de l'observation du lieu de la migration en opposition avec le continent d'origine, et Jacques Chevrier parlera à juste titre d'une littérature de la «migritude».

La littérature africaine des années 2000 poursuit cet élan de migration en y inscrivant une dimension plus éclatée. Elle nous dit qu'en se dispersant dans le monde, les Africains créent d'autres «Afriques», tentent d'autres aventures, peut-être salutaires, pour valoriser les cultures du continent noir, conscients que l'oiseau qui ne s'est pas envolé de l'arbre sur lequel il est né ne comprendra jamais le chant de son compère migrateur.

Comment justement entrer dans la mondialisation sans perdre son âme pour un plat de lentilles? Telle est

Lettres noires : des ténèbres à la lumière

la grande interrogation de cette littérature africaine en français dans le temps présent. Et la thèse de Dominic Thomas dans *Noirs d'encre* nous rappelle que l'heure est venue pour la France de comprendre que ces diasporas noires qui disent le monde dans la langue de Molière et de Kourouma se trouvent au cœur de l'ouverture de la nation au monde, au cœur même de sa modernité[24].

J'appartiens à cette génération-là. Celle qui s'interroge, celle qui, héritière bien malgré elle de la fracture coloniale, porte les stigmates d'une opposition frontale de cultures dont les bris de glace émaillent les espaces entre les mots, parce que ce passé continue de bouillonner, ravivé inopportunément par quelques politiques qui affirment, un jour, que « l'homme africain n'est pas assez entré dans l'histoire » et, un autre jour, que la France est « un pays judéo-chrétien et de race blanche », tout en évitant habilement de rappeler que la grandeur du pays en question est aussi l'œuvre de ces taches noires, et que nous autres Africains n'avions pas rêvé d'être colonisés, que nous n'avions jamais rêvé d'être des étrangers dans un pays et dans une culture que nous connaissons sur le bout des doigts. Ce sont les autres qui sont venus à nous, et nous les avons accueillis à Brazzaville, au moment où cette nation était occupée par les nazis.

J'appartiens à la génération du Togolais Kossi Efoui, du Djiboutien Abdourahman Waberi, de la Suisso-Gabonaise Bessora, du Malgache Jean-Luc Raharimanana, des Camerounais Gaston-Paul Effa et Patrice Nganang.

En même temps, j'appartiens aussi à la génération de Serge Joncour, de Virginie Despentes, de Mathias Enard, de

Huit leçons sur l'Afrique

David Van Reybrouck – avec *Congo, une histoire* –, de Marie NDiaye – avec *Trois femmes puissantes* –, de Laurent Gaudé – avec *La Mort du roi Tsongor* –, de Marie Darrieussecq – avec *Il faut beaucoup aimer les hommes* –, d'Alexis Jenni – avec *L'Art français de la guerre* – et de quelques autres encore, qui brisent les barrières, refusent la départementalisation de l'imaginaire parce qu'ils sont conscients que notre salut réside dans l'écriture, loin d'une factice fraternité définie par la couleur de peau ou la température de nos pays d'origine.

Monsieur l'Administrateur du Collège de France,
Mesdames et Messieurs les Professeurs,
Dans la chaire que vous m'avez confiée cette année, c'est en libre créateur que j'entreprendrai mes voyages à travers cette production littéraire africaine, m'interrogeant à chaque quai sur ses lieux d'expression, sur sa réception critique et sur ses orientations actuelles.
Je m'appesantirai également sur l'aventure de la pensée africaine – on parle aujourd'hui de «pensée noire» –, et j'insisterai par conséquent sur la place de l'Histoire (passée ou contemporaine), sur l'attitude de l'écrivain africain devant l'horreur – je pense notamment au génocide du Rwanda ou aux différentes guerres civiles qui ont donné naissance à un personnage minuscule, terrifiant et apocalyptique : l'enfant soldat. La présence d'historiens, d'écrivains ou de philosophes dans mes séminaires aura pour ambition d'illustrer la richesse des études africaines

Lettres noires : des ténèbres à la lumière

qui constituent depuis une discipline autonome dans les universités anglophones, en particulier américaines.

Le colloque que j'organiserai ici même le 2 mai prochain[25], auquel seront conviés de nombreux intellectuels et bien d'autres penseurs du temps présent, résonnera comme un appel à l'avènement des études africaines en France, non pas dans une ou deux universités marginalisées, non pas dans un ou deux départements dénués de moyens, mais dans un tout qui fait désormais sens pour comprendre la France d'hier mais surtout la France contemporaine – donc par une présence dans chaque espace où le savoir est dispensé dans ce pays.

J'ai conscience que c'est une entreprise qui nous conduira toujours à feuilleter les pages de notre passé commun, loin de l'esprit de revanche ou de l'inclination à rechercher la culpabilité d'un camp qu'on opposerait à l'innocence de l'autre, même s'il est délicat de juger avec les yeux d'aujourd'hui ce qui a eu lieu bien des siècles auparavant, sans pour autant mettre de côté la tentation de la morale et la séduction du manichéisme.

Je vous remercie.

DEUXIÈME LEÇON

Qu'est-ce que la Négritude ?

(29 mars 2016)

Dans ma leçon inaugurale un mot remontait continuellement à la surface : *Négritude*. Un mot incontournable, un passage obligé lorsqu'il s'agit d'évoquer la littérature africaine d'expression française. La Négritude a signé l'acte de naissance des lettres noires, et elle est le point de repère de la prise de parole par les Noirs d'Afrique de l'espace francophone en particulier pour contester, dans les années 1930, la politique française d'assimilation qui ne laissait pas de place à l'expression du colonisé.
La prise de parole a été laborieuse. Elle découle d'un long processus et, sans remonter à Mathusalem, je rappellerai ici que le courant de la Négritude a tiré ses racines de l'élan venu de l'Amérique noire au début du xxe siècle, entre 1918 et 1928, et de l'apport considérable de la première République noire, Haïti, entre 1928 et 1932. Comme si Haïti avait pris le relais de l'ébullition culturelle afro-américaine avant que celle-ci n'atterrisse enfin à Paris, dans le Quartier latin des années 1930, grâce à la rencontre de Léopold Sédar Senghor, d'Aimé Césaire et de Léon-Gontran Damas arrivés dans la Ville lumière pour

poursuivre leurs études. Si le Sénégalais, le Martiniquais et le Guyanais sont perpétuellement acclamés comme étant les géniteurs de la Négritude, on verra un peu plus loin que d'autres personnages, injustement relégués au second plan, en particulier les femmes, ont autant participé à l'émancipation et à la vulgarisation du courant. Il serait enfin utile, en guise de conclusion, de rappeler quelques-unes des critiques formulées à l'encontre de cette Négritude.

L'Amérique noire et la Renaissance de Harlem

Dans le monde noir, juste après la Première Guerre mondiale, l'une des figures les plus influentes sera celle de l'écrivain afro-américain W. E. B. Du Bois. Né en 1868, il a fréquenté une université réservée aux Noirs, mais il pouvait toutefois s'enorgueillir de s'être mesuré aux élites blanches dans les prestigieuses universités d'Harvard et de Berlin, entre autres. Son rayonnement intellectuel est indéniable : il a soutenu une thèse de doctorat sur la suppression de la traite négrière aux États-Unis, et il est l'auteur de la première étude consacrée à la communauté noire aux États-Unis, *The Philadelphia Negro : a Social Study* (1899). Par ailleurs, son recueil d'essais, *Les Âmes du peuple noir*[26], paru en 1903, deviendra aussitôt un livre mythique dans les milieux africains et afro-américains.

Du Bois aurait pu tourner le dos aux «siens» et se complaire dans le cercle des intellectuels blancs où il aurait certainement été accueilli à bras ouverts dans le rôle tout indiqué de nègre lettré de service. Non, il était plutôt

Qu'est-ce que la Négritude ?

préoccupé par le destin et la condition de ses semblables de couleur dans son pays, et ces derniers n'hésiteront pas à lui créditer l'image de père de la « conscience noire », lui qui revendiquait explicitement son attachement à l'Afrique, lieu de la Renaissance et de la reconquête de soi. Animé donc par la quête de ses origines, dans *Les Âmes du peuple noir*, il convoquera ce continent avec un enthousiasme et une passion qui en feront un continent à la fois initiatique, féerique et mystique :

« C'est le grand cœur du monde noir où l'esprit désire ardemment mourir. C'est une vie si brûlante, entourée de tant de flammes qu'on y naît avec une âme terrible, pétillante de vie. »

Cette période était parallèlement celle d'un autre courant qui allait inspirer les partisans des indépendances africaines : le panafricanisme. Lancé par le militant noir américain d'origine jamaïcaine Marcus Garvey, le panafricanisme prêche le retour de tous les Noirs en Afrique, encourage les Africains et les personnes d'ascendance africaine à la fraternité et à l'entraide. Un tel programme paraissait vaste et utopique pour beaucoup. Du Bois, réaliste, réclamait d'abord une *intégration* des Noirs américains aux États-Unis, à la différence de Marcus Garvey, leader du mouvement *Back to Africa* qui en appelait à une autonomie absolue de la race noire. En tout état de cause, Du Bois préférait inciter les Africains à se libérer du joug colonial sur leurs propres terres, et ce message sera largement entendu par les figures emblématiques de l'émancipation africaine comme le Ghanéen Kwamé Nkrumah, le Kenyan Jomo

Huit leçons sur l'Afrique

Kenyatta ou encore le Sénégalais Blaise Diagne et George Padmore de Trinité-et-Tobago.

En 1951, les autorités américaines l'accusant d'agent infiltré à cause de son allégeance pour la cause russe, Du Bois adhère au parti communiste, répudie sa citoyenneté américaine et part s'installer au Ghana où il mourra en 1963. Il reposait ainsi dans «le grand cœur du monde noir où l'esprit désire ardemment mourir».

Toute sa conviction se retrouve dans les vers suivants, toujours tirés de ses *Âmes du peuple noir* :

«Je suis nègre, et je me glorifie de ce nom ; je suis fier du sang noir qui coule dans mes veines.»

Des vers qui, par leur force, auront contribué à l'éruption de la révolution culturelle noire américaine baptisée «Renaissance de Harlem».

Survenue dans le quartier new-yorkais de Harlem une décennie après la publication des *Âmes du peuple noir*, la Renaissance de Harlem prendra le parti de s'écarter radicalement du romantisme de lettres américaines d'alors pour une exaltation de l'héritage culturel africain. Menée entre autres par James Weldon Johnson (1871-1938), Langston Hugues (1902-1967), Claude McKay (1860-1947), Countee Cullen (1903-1946), Sterling Brown (1901-1989) ou encore Jean Toomer (1894-1967), la Renaissance de Harlem avait pour vocation de ranimer la fierté de l'homme noir, et les termes du Manifeste étaient on ne peut plus clairs :

«Nous créateurs de la nouvelle génération nègre, nous voulons exprimer notre personnalité noire sans honte ni crainte. Si cela plaît aux Blancs, nous en sommes fort heureux. Si cela ne leur plaît pas, peu importe. Nous savons que nous sommes beaux. Et laids aussi. Le tam-tam pleure et le tam-tam rit. Si cela plaît aux gens de couleur, nous en sommes fort heureux. Si cela ne leur plaît pas, peu importe. C'est pour demain que nous construisons nos temples, des temples solides comme nous savons en édifier, et nous nous tenons dressés au sommet de la montagne, libres en nous-mêmes[27]. »

La Renaissance de Harlem, portée par une littérature réaliste, s'attelle à dénoncer les injustices de Noirs aux États-Unis, dans l'esprit de Du Bois. Elle sera d'ailleurs intransigeante devant l'allégeance de certains leaders noirs tel l'enseignant, écrivain et militant Washington T. Booker (1856-1915) à qui l'on reprochait d'avoir « pactisé » avec les Blancs au pouvoir dans le Sud en approuvant le « Compromis d'Atlanta » qui reconnaissait de façon tacite que les Noirs ne s'opposeraient pas non seulement à la ségrégation raciale, mais aussi à l'absence de droit de vote et à la représentation syndicale. Une soumission qui n'était pas de nature à contenter le « père » Du Bois, les ténors de la Renaissance de Harlem et les militants des droits civiques comme William Monroe Trotter (1872-1934), homme de presse influent et agent immobilier de Boston qui exprima son opposition dans son journal indépendant afro-américain, le *Boston Guardian*.

La France était pour beaucoup d'intellectuels noirs américains le lieu d'exil de prédilection. Dans *Rive noire*,

Huit leçons sur l'Afrique

Michel Fabre montre comment «depuis 1830, quand les riches créoles de La Nouvelle-Orléans venaient étudier ou faire carrière à Paris, la France a représenté pour les Noirs américains une terre de liberté. Arrivés sur les champs de bataille pendant la Grande Guerre avec le jazz dans leurs bagages, ils ont par la suite représenté une présence culturelle constante. Et les expatriés se réunissaient dans les cafés du Quartier latin autour de Richard Wright, Chester Himes, et William Gardner Smith tandis que James Baldwin cherchait son identité du côté de Belleville[28].»

L'Amérique noire allait ainsi croiser l'Afrique à Paris et, dans leur propre prise de conscience alimentée par l'exemple de la révolution culturelle afro-américaine, les Africains de France n'allaient plus observer ce qu'Aimé Césaire qualifiait «d'attitude stérile du spectateur» dans son *Cahier d'un retour au pays natal* publié en 1939 dans la revue *Volontés*, comme nous le verrons un peu plus loin.

Haïti, la première République noire

Les Antilles, notamment la Martinique et la Guadeloupe, étaient plutôt orientées vers la tradition littéraire française classique alors même que dès 1925 le poète martiniquais Emmanuel-Flavia Léopold avait traduit les poèmes de deux des figures principales de la Renaissance de Harlem, Langston Hughes et Claude McKay.

Haïti est de ce fait une spécificité. Ayant arraché son indépendance en 1804, cette riche colonie française de Saint-Domingue sera considérée selon les termes de

Qu'est-ce que la Négritude ?

Césaire dans son *Cahier d'un retour au pays natal* comme le lieu où la «Négritude se mit debout pour la première fois». L'héroïsme de Toussaint Louverture, ancien esclave qui mena la révolution haïtienne entamée depuis 1791 à Saint-Domingue, demeure un des épisodes les plus glorieux du monde noir, et ce sera aussi la première fois dans l'histoire de l'humanité que des esclaves réussiront une révolte de cette ampleur, conduisant à la retraite des «maîtres» et à la naissance d'une nation. Toussaint Louverture dirigera le pays, mais aussi Jean-Jacques Dessalines et le roi Christophe avant que le pouvoir ne soit indirectement accaparé de nouveau par l'ancien colonisateur en connivence avec la petite bourgeoisie des mulâtres, plus assimilable et plus affairée à protéger ses intérêts par tous les moyens.

En 1915, l'occupation d'Haïti par les Américains poussera les intellectuels à valoriser leurs propres traditions, à célébrer leur folklore, leurs mythes, leurs paysages, leurs racines africaines et, par conséquent, à entamer une importante révolution culturelle. Des périodiques plaidant pour cet élan fleuriront et feront découvrir la vitalité du génie littéraire haïtien : *La Ronde* (1895), *La Revue de la ligue de jeunesse haïtienne* (1916) *La Nouvelle Ronde* (1925), *Revue indigène* (1927), *Les Griots* (1938)…

L'Académicien français d'origine haïtienne, Dany Laferrière, explique l'état d'esprit de cette époque :

«Ce fut une véritable littérature de la Négritude. Ce fut en somme une Négritude avant la lettre […] Parmi ces hommes, qui ne furent pas précisément des guerriers, mais des scribes qui prirent position en faveur des Indépendants et aidèrent leurs chefs à rédiger des ordres du jour et des proclamations, citons, entre autres, Boisrond Tonnerre, Juste Chanlate [...] Dessalines, Général en chef de l'armée des Indépendants, les recruta au fur et à mesure, pendant ses pérégrinations à travers le pays[29]. »

« Osons être des hommes, telle est l'une des exclamations de Boisrond Tonnerre », souligne l'historien, dramaturge et romancier Henock Trouillot, qui poursuit : « Boisrond Tonnerre se savait appartenir à une race méprisée. Il leur fallait donc défendre cette race dans leurs écrits. Avant Anténor Firmin, qui écrivit en 1885 *De l'Égalité des races humaines* (1885), et Price-Mars, qui écrivit *Ainsi parla l'Oncle* (1928), il y avait les écrits, par exemple, de Juste Chanlate, les essais historiques du Baron de Vastey. Certes, ces écrits ne sont pas de premier ordre. Maladresse de style, naïveté dans les idées, manque de maîtrise dans l'exposition, ce sont là de ces défauts qui n'en diminuèrent pas pour autant les qualités essentielles de ces essais[30]. »

Retour aux sources, tel sera sans doute l'un des points de départ de cette Négritude haïtienne résumée justement par Price-Mars :

« Nous n'avons de chance d'être nous-mêmes que si nous ne répudions aucune part de l'héritage ancestral. Eh bien! cet héritage il est pour les huit-dixième un don de l'Afrique[31]. »

Qu'est-ce que la Négritude ?

La Négritude à Paris

Dans le Paris des années 1930, la Négritude est d'abord une école poétique. Parce que ceux qui la promeuvent – Léopold Sédar Senghor, Aimé Césaire et Léon-Gontran Damas – sont avant tout des poètes, et la poésie semble le genre le plus direct, le plus adapté. Cette orientation pourrait masquer le fait qu'il s'agissait d'un élan destiné à rassembler les intellectuels noirs sur les plans littéraire, culturel et politique dans un souci de hâter la décolonisation du continent noir. Il était alors question, précise l'universitaire Catherine Ndiaye, « de s'élever contre le déni des valeurs africaines par l'idéologie eurocentriste et raciste et de ce séculaire racisme spécifique antinègre que le Blanc avait bien fallu développer pour justifier la traite et l'esclavagisme, puis la colonisation[32] ».

La Négritude se présentait ainsi comme une lutte contre l'assimilation culturelle et une arme « miraculeuse » pour la libération et la reconnaissance de la pensée noire.

Au début du XXe siècle, en particulier pendant les années folles, l'exposition des Arts décoratifs de 1925 et l'exposition coloniale de 1931, l'Europe découvre peu à peu l'art nègre grâce aux cubistes, la musique du monde noir à travers le jazz. Quelques écrivains noirs ou européens créent l'événement, tel René Maran qui reçoit en 1921 le prix Goncourt pour son roman *Batouala* ou encore, la même année, Blaise Cendrars qui publie *Anthologie nègre* témoignant d'une parenté de la littérature orale africaine avec les traditions des civilisations primitives blanches.

La Négritude avait en somme réussi une bonne opération de communication pendant l'entre-deux-guerres où Senghor, Césaire et Damas, sans moyens économiques, inventèrent un de ces concepts qui, quatre-vingts ans plus tard, reste d'actualité.

Écoutons Césaire narrer les circonstances de sa rencontre avec Senghor :

« C'était, je m'en souviens, par un jour de l'automne parisien, le décor : la montante rue Saint-Jacques et l'austère bâtisse du lycée Louis-le-Grand. Je suis débarqué il y a à peine quinze jours de mon île natale... un peu perdu, un peu ahuri dans ce milieu sévère, voire rébarbatif. Et puis, tout à coup, le monde s'éclaire comme d'un sourire, un jeune homme vient à moi, c'est un Africain, un Sénégalais... Il me prend par les épaules et, de sa voix d'une très particulière mélodie, me dit : alors mon frère, d'où viens-tu[33] ? »

« D'où viens-tu ? » Cette question a une profonde signification, la Négritude étant aussi une façon de dire ses origines, de les « hurler », de les faire éclater aux yeux du monde avec toute l'énergie et la fierté nécessaires.

Et Césaire s'en chargera dans son *Cahier d'un retour au pays natal* :

Et la voix prononce que l'Europe nous a pendant
des siècles gavés de mensonges et gonflés de pestilences,
car il n'est point vrai que l'œuvre de l'homme est finie
que nous n'avons rien à faire au monde
que nous parasitons le monde
qu'il suffit que nous nous mettions au pas du monde

Qu'est-ce que la Négritude ?

mais l'œuvre de l'homme vient seulement de
commencer
et il reste à l'homme à conquérir toute interdiction
immobilisée aux coins de sa ferveur
et aucune race ne possède le monopole de la beauté,
de l'intelligence, de la force

Damas se joindra au duo un peu plus tard, comme le raconte Jacqueline Sorel :

> « Aimé Césaire, natif de Fort-de-France, est arrivé après Senghor sur le sol français. Il est plus jeune, plus emporté, plus susceptible, et il a le goût des grandes épopées. Léon-Gontran Damas, Guyanais d'origine, est un écorché vif. Son tempérament le porte à l'agressivité et au combat. A côté, Senghor fait figure de penseur[34]. »

En France, dans ces années 1930 toujours, les Noirs s'expriment dans *La Revue du Monde Noir* (1931). Bilingue (français et anglais), la revue a été cofondée par le docteur Sajous, d'origine libérienne, avec l'assistance des Martiniquaises Andrée et Paulette Nardal. Hélas, faute de moyens, la publication ne comptera que six numéros. Une autre revue d'Antillais de Paris, *Légitime Défense* (1932), lui succédera. Plus radicale, plus politique, elle ne connaîtra qu'un seul numéro, menacée par les autorités françaises qui pousseront le bouchon jusqu'à couper les bourses des étudiants impliqués dans cette aventure. Aimé Césaire, alors président de l'association des étudiants antillais, ne sera pas en accord avec les dirigeants de la revue. Ce qui le conduira à créer lui-même *L'Étudiant noir* (1935) qu'il défendra de la sorte :

> « Qu'il y ait un petit journal corporatif, qui s'appelait *L'Étudiant martiniquais*, et alors moi, j'ai décidé de l'élargir et de l'appeler *L'Étudiant noir*, précisément pour avoir la collaboration des Noirs qui n'étaient pas seulement des Martiniquais, pour l'élargir au monde entier [...] ce qui veut dire que c'était déjà un peu la Négritude qui remplaçait une idéologie assimilationniste[35]. »

Ainsi, *Légitime Défense* et *La Revue du Monde Noir* représentaient les tendances idéologiques des étudiants noirs de l'époque. La différence entre les deux revues ? Senghor expliquera en 1960 que *L'Étudiant noir* affirmait la priorité comme la primauté du culturel, la politique n'étant qu'un aspect de la culture, tandis que *Légitime Défense* soutenait une sorte de changement politique radical précédant la culture. Mais il faut reconnaître à *L'Étudiant noir* le bénéfice de voir plus large, de rassembler les Noirs au-delà de leur pays d'origine, de leur lieu géographique.

Ce qui fera dire à Léon-Gontran Damas, heureux :

> « On cessait d'être un étudiant essentiellement martiniquais, guadeloupéen, guyanais, africain, malgache, pour n'être plus qu'un seul et même étudiant noir. Terminée, la vie en vase clos. »

Qu'est-ce que la Négritude ?

L'Étudiant noir aura de ce fait occupé une place considérable dans l'expression d'une Négritude qui ne sera toutefois pas perçue de façon homogène par ses membres. La Négritude de Césaire n'est pas forcément celle de Senghor, plus idéologique, et c'est Césaire lui-même qui donne l'explication la plus frappante :

> « Il est clair que ma Négritude ne pouvait pas être très exactement celle-là, simplement parce que nous sommes différents. Senghor est africain, il a derrière lui un continent, une histoire, cette sagesse millénaire aussi ; et je suis antillais, donc un homme du déracinement, un homme de l'écartèlement. Par conséquent, j'ai été appelé à mettre davantage l'accent sur la quête dramatique de l'identité. Je vois que cette quête est superflue chez Senghor parce qu'il est dans son être et ne peut que l'illustrer. Chez moi, il y a une recherche, il y a une démarche, il y a une soif, il y a une faim, et c'est cela qui donne à cette démarche un certain pathos, si vous voulez. Cela étant dit, ce sont des domaines différents d'une même pensée. J'ai parlé de différences : différences de tempéraments, différences d'hommes. Mais il ne faut pas non plus oublier les grandes ressemblances. »

La négritude officialisée

C'est en août 1939 qu'on lit pour la première fois le mot *Négritude* dans *Cahier d'un retour au pays natal* et publié dans le vingtième numéro de la revue *Volontés*. Ce texte aux aspects de manifeste allait presque passer inaperçu. Le tapuscrit est aujourd'hui détenu par la bibliothèque de l'Assemblée nationale française (cote MS 1825 bis), et l'écrivain et éditeur français David Alliot rappelle sur le site de l'institution les pérégrinations de ce texte fondamental :

« Le contexte politique de ce mois d'août [1939] et le retour d'Aimé Césaire en Martinique à la même époque ne faciliteront pas sa diffusion. Le poème sombre dans l'indifférence générale à la veille du deuxième conflit mondial. C'est finalement le poète surréaliste André Breton, lors de son escale à Fort-de-France en 1941, qui "découvrira", presque par hasard, l'existence du *Cahier d'un retour au pays natal*, et en assurera la postérité. C'est sous son impulsion qu'une première édition bilingue du *Cahier* est publiée par Brentano's, à New York en 1947, sensiblement différente de la version de 1939. Après la guerre, Aimé Césaire, devenu entre-temps député-maire de Fort-de-France, commence à éditer ses poèmes auprès d'éditeurs parisiens. En 1947 encore, le *Cahier d'un retour au pays natal* est publié pour la première fois en volume et en France par les éditions Pierre Bordas, dans une édition profondément remaniée et préfacée par André Breton. Mais il faudra attendre quelques années pour que ce poème s'impose dans le paysage littéraire. En 1956 est publiée par les éditions Présence Africaine une nouvelle édition du *Cahier d'un retour au pays natal*, qui subira quelques modifications jusqu'à l'édition dite « définitive » de 1983[36]. »

Qu'est-ce que la Négritude ?

La Négritude fait désormais son entrée de manière formelle, écrite, portée par la création poétique, saluée par le mouvement surréaliste et adoubée par la préface d'André Breton au *Cahier d'un retour au pays natal* du poète qui l'a émerveillé. Le courant séduit les grands philosophes français de l'époque, en particulier Jean-Paul Sartre qui préface l'*Anthologie de la nouvelle poésie nègre et malgache* de Senghor qu'il intitule *Orphée noir*. Il donne sa définition du concept :

> « La Négritude n'est pas un état, ni un ensemble défini de vices et de vertus, de qualités intellectuelles et morales, mais une certaine attitude affective à l'égard du monde (…) C'est une tension de l'âme, un choix de soi-même et d'autrui, une façon de dépasser les données brutes l'âme, bref un projet tout comme l'acte volontaire. La Négritude, pour employer le langage heideggérien, c'est l'être-dans-le-monde-du-Nègre. »

Sartre ne s'arrêtera pas là puisqu'il préfacera aussi *Les Damnés de la terre* (1956) de Frantz Fanon et le *Portrait du colonisé* d'Albert Memmi (1957), des ouvrages qui, avec l'*Anthologie* de Senghor et *Orphée noir* du philosophe français, sont considérés comme cruciaux « pour le développement des études postcoloniales[37] ».

La Négritude, concept sans cesse redéfini

Aux dires de Césaire, la Négritude naîtra à cause – ou grâce – du Blanc, par le biais du mot nègre :

« Ce sont les Blancs qui ont inventé la Négritude [...] Ce mot *nègre* qu'on nous jetait nous l'avions ramassé. Comme on l'a dit, c'est un mot-défi transformé en mot fondateur. Mais il faut bien concevoir la Négritude comme un humanisme. Au bout du particularisme, on aboutit à l'universel. Si le point de départ c'est l'homme noir, l'aboutissement c'est l'homme tout court[38]. »

Senghor, pour sa part, rajoutera :

« Nous étions des étudiants noirs de Paris et du XXe siècle, dont une des réalités est certes l'éveil des consciences nationales, mais dont une autre, plus réelle encore, est l'indépendance des peuples et des continents. Pour être vraiment nous-mêmes, il nous fallait incarner la culture négro-africaine dans les réalités du XXe siècle. Pour que notre Négritude fût, il nous fallait la débarrasser de ses scories, de son pittoresque, et l'insérer dans le mouvement solidaire du monde contemporain[39]. »

Bien plus tard, Césaire développera une fois de plus les origines de ce mouvement dans un entretien accordé au *Monde* :

« Le mot *nègre* était insultant. Mais ce n'est pas nous qui l'avions inventé. Un jour, je traverse une rue de Paris, pas loin de la place d'Italie. Un type passe en voiture : "Eh, petit nègre !" C'était un Français.

Qu'est-ce que la Négritude ?

Alors, je lui dis : "Le petit nègre t'emmerde !" Le lendemain, je propose à Senghor de rédiger ensemble avec Damas un journal : *L'Étudiant noir*. Léopold : "Je supprimerais ça, on devrait l'appeler *Les Étudiants nègres*. Tu as compris ? Ça nous est lancé comme une insulte. Eh bien, je le ramasse, et je fais face." Voici comment est née la "Négritude", en réponse à une provocation[40]. »

Le 12 avril 1971, au cours d'une communication ayant lieu à Dakar dans le cadre de l'ouverture d'un colloque sur la Négritude, Léopold Sédar Senghor fournira plus de détails «techniques» :

«Je suis d'autant libre de défendre le terme qu'il a été inventé, non par moi, comme on le dit souvent à tort, mais par Aimé Césaire. Il y a, tout d'abord, que Césaire a forgé le mot suivant les règles les plus orthodoxes du français. Je vous renvoie à la grammaire française de Maurice Grevisse, intitulé *Le Bon Usage*, et aux deux études que l'Université de Strasbourg a consacrées aux suffixes en – *ité* (du latin – *itas*) et en – *itude* (du latin – *itudo*) […] Ces deux suffixes, employés avec la même signification dès le bas latin, servent, aujourd'hui, à former des mots abstraits tirés d'adjectifs. Ils expriment la situation ou l'état, la qualité ou le défaut, et la manière de les exprimer. C'est ainsi que *Le Petit Robert* définit le mot latinité comme "*Manière d'écrire ou de parler latin. Caractère latin* ; (1835) *le monde latin, la civilisation latine. L'esprit de la latinité*". Sur ce modèle, on pourrait aussi bien définir la Négritude : *"Manière de s'exprimer du Nègre. Caractère nègre. Le monde nègre, la civilisation nègre"*. [...] On trouve le mot Négritude, en latin, chez Pline où il a un sens concret et signifie le fait d'être noir, la couleur noire, la noirceur... »

Senghor note donc la préexistence de ce mot chez Pline même s'il n'a pas le sens que lui affecteront plus tard les écrivains noirs.

Pline, écrivain et naturaliste romain – appelé aussi Pline l'Ancien, né en 23 après J.-C dans le nord de l'Italie, mort en 79 près de Pompéi, lors de l'éruption volcanique du Vésuve, et auteur d'une encyclopédie de référence intitulée *Histoire naturelle* (vers 77) –, évoquait déjà en effet la Négritude (*nigritudo*) comme « le fait d'être noir, la noirceur ». Le même mot « nègre » d'où dérive « Négritude » se retrouve aussi bien en latin « *niger* » (noir), ou encore en espagnol et en italien « *negro* », gardant toutefois un aspect plutôt neutre, et ce n'est qu'à partir du XVIe siècle qu'il deviendra insultant en français. Aux XVIIe et XVIIIe siècles, il désignait même un poisson qu'on pêchait dans les rochers, sur les côtes d'Amérique selon le *Dictionnaire universel et latin* de Trévoux (éditions de 1704 à 1771) ou le *Dictionnaire français concernant les mots et les choses* de Richelet (1680) ou encore le *Dictionnaire universel contenant généralement tous les mots français tant vieux que modernes* d'Antoine Furetière (1690). Dans ces mêmes dictionnaires, nègre signifie aussi un « esclave que l'on tire de la côte d'Afrique et que l'on vend dans les îles d'Amérique »...

Qu'est-ce que la Négritude ?

Léopold Sédar Senghor était un agrégé en grammaire. Ce qui sous-entend qu'il scrutait les mots à leur racine. Dans le discours de 1972 évoqué plus haut, il précisa que le terme de Négritude se composait en un radical (*nègr-*) et un suffixe (*-itude*), donnant le mot *nègr-itude*. Or, à en croire le *Trésor de la langue française* (TLF, 1971-1994), les substantifs formés du suffixe *-itude* sont rares au cours des XIXe et XXe siècles et doivent leur expansion à partir de ce terme de Négritude. Par conséquent, «les dérivés en -itude tendent à exprimer à la fois l'appartenance à un groupe ethnique et l'état d'oppression et d'aliénation».

Ce même *Trésor de la langue française* donne comme exemples six noms d'appartenance à un groupe social opprimé : Négritude, corsitude, francitude, féminitude, maigritude, québécitude...

Les dérivés en *-itude* fonctionnant souvent en parallèle avec des dérivés en *ité* : par exemple, corsitude et corsité, francitude et francité, Négritude et négrité, quelle serait ainsi la différence entre *Négritude* et *négrité*?

Senghor, toujours dans son discours de 1972, nuance les choses :

«Je réserverai, [...] le mot de *Négritude* à la "manière de vivre en Nègre" et je proposerai *négrité* pour désigner l'ensemble des valeurs du monde noir [...] La Négritude est donc la manière de vivre en nègre alors que la négrité désigne l'ensemble des valeurs du monde noir. »

Les femmes et la Négritude

Il y a une photo légendaire prise lors du Congrès des écrivains et artistes noirs de 1956 à la Sorbonne. On ne peut pas échapper à cette image lorsqu'on aborde la Négritude. Parce que la fierté des participants se lit sur leur visage : on ressent leur satisfaction d'avoir pu réunir les Noirs des quatre coins de la planète, l'affiche du Congrès ayant même été dessinée par Pablo Picasso !

Sur la photo de famille qui nous concerne, on compte 52 hommes et… une femme, l'épouse de l'écrivain haïtien Price-Mars. On note ainsi l'absence de la Guadeloupéenne Moune de Rivel (1918-2014), grande dame de la chanson créole, première artiste française engagée dès 1945, dans la tradition de son père Jean Symphorien Henri Jean-Louis, panafricaniste, anticolonialiste et indépendantiste. On constate également l'absence des sœurs Paulette et Jeanne Nardal, de Christiane Yandé Diop – épouse d'Alioune Diop, fondateur de la revue et des éditions Présence Africaine –, qui ont toutes pourtant participé au Congrès. Moune de Rivel et Joséphine Baker envoyèrent des messages de félicitations.

Néanmoins, comme le rappelle la philosophe ivoirienne Tanella Boni, parmi les auteurs qui accréditent l'idée de la généalogie masculine de la Négritude, on pourrait citer Aimé Césaire lui-même[41].

Dans son *Discours sur la Négritude* prononcé le 26 février 1987 à l'Université internationale de Floride, à Miami, l'auteur du *Cahier d'un retour au pays* natal affirme :

Qu'est-ce que la Négritude ?

« J'avoue ne pas aimer tous les jours le mot "Négritude" même si c'est moi, avec la complicité de quelques autres, qui ai contribué à l'inventer et à le lancer[42]. »

Parmi les des fondateurs de la Négritude qu'énumère le poète martiniquais, aucun nom de femme n'est mentionné ! Et, à propos de la « Négritude américaine » qui a précédé la Négritude africaine, les mots qu'il emploie sont tout aussi significatifs de cet « oubli » :

« Des hommes comme Langston Hughes, Claude McKay, Countee Cullen, Sterling Brown auxquels sont venus s'ajouter des hommes comme Richard Wright et j'en passe... Car qu'on le sache, ou plutôt, qu'on se le rappelle, c'est ici, aux États-Unis, parmi vous, qu'est née la Négritude[43]. »

Paulette Nardal fut l'intellectuelle de la « conscience de race » tandis que Suzanne Césaire défendait un surréalisme qui explorait l'expérience particulière de brassage et de métissage aux Antilles. On pourrait s'étonner de leur absence après une période très féconde autour de deux revues : *La Revue du Monde Noir* cofondée par Paulette Nardal, et *Tropiques* (1941-1945) où Suzanne Césaire a joué un rôle de premier plan et publié l'essentiel de son œuvre.

De même, pourrait-on évoquer l'apport de l'Anglaise Nancy Cunard, installée alors en France et qui publia, dès 1934, une anthologie des écrivains, poètes et penseurs noirs au titre bien indiqué *Negro : An Anthologie*. L'histoire, en tout cas la petite histoire, se contente de rapporter que cette écrivaine, anarchiste et poète, avait eu pour amants Hemingway, Langston Hughes, Constantin Brancusi ou encore James Joyce... alors que l'anthologie qu'elle avait publiée lui vaudra des menaces – tout comme certaines publications des étudiants noirs de l'époque.

Suzanne Roussi Césaire – que Césaire épouse en 1937 – publiera ses écrits, comme indiqué plus haut, dans la revue *Tropiques* créée en 1941 avec son époux et René Ménil. La revue, jugée anticolonialiste et subversive, fut interdite par le régime de Vichy. Suzanne Césaire y aura néanmoins publié plusieurs textes d'importance comme *Léo Frobenius et le problème des civilisations* ou encore *André Breton, poète* et *Le Grand Camouflage*, titre retenu pour ses écrits de dissidence parus en 2009 aux éditions du Seuil.

On peut l'entendre clamer :

> « Ici les poètes sentent chavirer leur tête, et humant les odeurs fraîches des ravins, ils s'emparent de la gerbe des îles, ils écoutent le bruit de l'eau autour d'elles, ils voient s'aviver les flammes tropicales non plus aux balisiers, aux gerberas, aux hibiscus, aux bougainvilliers, aux flamboyants, mais aux faims, aux peurs, aux haines, à la férocité qui brûlent dans les creux des mornes. C'est ainsi que l'incendie de la Caraïbe souffle ses vapeurs silencieuses, aveuglantes pour les seuls yeux qui savent voir[44]... »

Qu'est-ce que la Négritude ?

Dans *La Revue du Monde Noir* des sœurs Nardal et Leo Sajous d'Haïti, on pouvait retrouver l'esprit de Clara Shephard, la militante noire américaine des droits civiques. Paulette Nardal, la plus en vue, participe à la gestation de la Négritude.

Voilà donc une femme d'origine martiniquaise, fille du premier ingénieur noir de l'île, Paul Nardal, qui deviendra institutrice, qui quittera la Martinique à vingt-quatre ans dans le dessein de poursuivre des études de lettres en France et deviendra la première femme noire à étudier à la Sorbonne ! On la croise dans le Bal nègre. Chez elle, à Clamart, c'est un véritable salon littéraire où se retrouve la crème de la crème de la diaspora noire : Senghor, Césaire, Damas, Price-Mars, René Maran ou encore l'Américain Claude McKay qui instille dans ce lieu de l'atmosphère venue de la création afro-américaine.

Nardal expliquera la raison de l'absence des femmes dans le « récit officiel » de la Négritude :

> « Césaire et Senghor ont repris les idées que nous avons brandies et les ont exprimées avec beaucoup plus d'étincelles, nous n'étions que des femmes ! Nous avons balisé les pistes pour les hommes[45]. »

Elle avait raison de préciser ainsi les choses car c'était dans cette *Revue du Monde Noir* que Césaire et beaucoup d'autres Noirs de la diaspora allaient découvrir les poètes noirs américains tels Claude McKay, Alan Locke ou encore Langston Hughes. C'est encore dans cette revue qu'ils liront la pensée de l'ethnologue et archéologue allemand Léo Frobenius. Celui-ci publiera en 1936, aux éditions Gallimard, un livre fondamental sur le continent noir, *L'Histoire de la civilisation africaine*, qui aura une profonde influence dans l'édification du mouvement de la Négritude.

D'autres femmes, et non des moindres, ont marqué la Négritude. Parmi elles, Christiane Yandé Diop, déjà citée. Lorsque son mari Alioune Diop crée la revue *Présence Africaine* en 1947 et la maison d'édition éponyme deux ans plus tard, Christiane Yandé Diop est, dans l'ombre, une des pièces maîtresses du projet, pour ne pas dire la « gestionnaire ». À ce titre, elle participe activement à la préparation du premier Congrès des écrivains et artistes noirs de 1956.

Un colloque organisé en 1972 à Abidjan avait essayé de pallier l'injustice faite aux voix féminines. Intitulé « La civilisation de la femme dans la tradition orale africaine », cet événement, selon Michèle Dacher, « n'apporte pas grand-chose de nouveau au sujet qu'il prétend traiter : les communications répètent les unes après les autres une vision de la société traditionnelle que n'étayent ni informations précises ni analyses scientifiques. En revanche, elles révèlent une idéologie : celle des femmes de la bourgeoisie africaine à propos de leur rôle dans la société passée et présente […] Dans cet heureux concert, quelques voix dénoncent cependant l'exploitation féminine et, à une exception près, elles sont masculines : l'anthropologue ivoirien Harris Memel-Fôté ou le sociologue et anthropologue Roger Bastide dont la contribution est la seule qui puisse être qualifiée de scientifique : il analyse l'évolution de la Négritude en Amérique et montre que pour les femmes noires, cette idéologie est devenue une praxis dont elles ont fait un instrument de défense efficace contre l'oppression masculine[46]. »

La Négritude à l'épreuve de la critique : Soyinka, Baldwin, Adotevi...

Plusieurs intellectuels de l'espace anglophone ont souvent signifié leur incompréhension des ressorts psychologiques profonds du mouvement. Pour eux, la Négritude apparaissait d'abord et avant tout comme un mouvement spécifique « propre à l'Afrique de domination coloniale française, qui encourageait l'assimilation. L'écrivain nigérian Wole Soyinka, prix Nobel 1986 né en 1934, rappelle plaisamment que le tigre ne proclame pas sa *tigritude* : il sort des griffes et bondit sur sa proie[47] ».

Le Malien Manthia Diawara, écrivain et professeur de littérature aux États-Unis, n'a jamais caché ses réserves, persuadé qu'avoir en commun « l'adversaire blanc » ne saurait traduire le fondement d'une culture commune.

James Baldwin, quant à lui, nuançait sa vision sur la Négritude. J'ai à cet effet raconté dans *Lettre à Jimmy* (2007) comment l'auteur afro-américain, chargé de couvrir le Congrès de 1956 pour les revues américaines *Preuves* et *Encounter*, avait eu une expérience décevante. Pour lui, ce Congrès avait accru le sentiment d'incompréhension entre les créateurs africains et noirs américains, les représentants de la Négritude étant déconnectés de la réalité et, lorsqu'ils s'exprimaient dans la langue de leur colonisateur, leur approche des enjeux était biaisée, leur vision était plutôt française. La Négritude restait ainsi une idée vague et creuse dans laquelle Baldwin ne se reconnaissait pas.

Et même lorsque Senghor, dans un élan lyrique, s'extasiait devant le roman autobiographique *Black Boy* de l'afro-américain Richard Wright, Baldwin estimait que le poète sénégalais n'avait pas pris la dimension de l'incompréhension des rapports entre les Africains et leurs frères et sœurs des États-Unis. Dans sa lecture de *Black Boy*, Senghor insistait abondamment – peut-être trop – sur l'héritage africain de Wright. Or ce dernier avait commis une *autobiographie américaine* qui ne pouvait être appréhendée que dans le contexte de *l'expérience personnelle*, celle de l'auteur. Baldwin considérait par conséquent que les Africains s'étaient livrés à un putsch intellectuel consistant à intégrer l'expérience personnelle du Noir américain dans ce concept de Négritude. Dès lors, le jugement de l'auteur de *La Chambre de Giovanni* sera des plus sévères, et il se confiera, après le Congrès, à l'historien Harold Isaacs, faisant référence à Senghor en particulier :

> « Ils haïssaient l'Amérique, racontaient beaucoup d'histoires sur la race, ramenaient tout sur le terrain de la race. Politiquement parlant, ils en savaient à peine quelque chose. Chaque fois que je me retrouvais avec un Africain, nous étions l'un et l'autre gênés.

Qu'est-ce que la Négritude ?

Les circonstances de notre vie respective étaient tellement opposées que nous avions presque besoin d'un dictionnaire pour nous comprendre[48]. »

Du côté des intellectuels français, la perception sartrienne de la Négritude n'était pas non plus à l'abri de critiques, comme celles formulées par Kathleen Gyssels :

« À la lecture de la Négritude, déduit Sartre, on ne peut qu'avoir honte de sa *blanchitude*. Ce n'est pas exactement le but de Senghor qui, dans ses vers d'amour, fait découvrir à l'Européen la beauté de l'Afrique. L'inversion systématique qu'opère Sartre serait inacceptable aujourd'hui, à l'heure où le métissage et la pensée rhizomatique font davantage respecter non pas la pensée dichotomique, mais les nuances[49]. »

Dans *Négritude et Négrologues*, le philosophe béninois Stanislas Spero Adotevi, un des plus virulents adversaires de la Négritude, la raillera à sa manière à travers le récit devenu légendaire de la rencontre de Césaire et Senghor à Paris et qu'il caricature de la manière suivante :

« Mais toujours à Paris et au même moment, entre deux eaux, au milieu de tout cela, une petite poignée d'étudiants, d'intellectuels africains et antillais, quelque peu isolés, qui étaient tous comme les Nègres vus et se sentaient vus [...] Ils avaient fait beaucoup de latin et ils ne comprenaient pas qu'on ne les prît pas pour des hommes pareils aux autres. Et puis, toujours au bout du petit matin, un jour Césaire dit à Senghor : "Il faut que nous affirmions notre Négritude." Le mot était lâché, la Négritude naissait. Un jour, paraît-il, place de la Sorbonne[50] ! »

Adotevi dénonce une certaine approche « fantasmatique » de l'Afrique et taxe les initiateurs de la Négritude d'avoir utilisé « l'authenticité » et « l'âme noire » afin d'atteindre des objectifs personnels pour le compte des anciennes puissances coloniales.

Henri Lopes, qui préfaça la nouvelle édition de cet ouvrage explosif, se demandera :

> « Mais à trop rêver nos identités, n'avons-nous pas engendré des cauchemars, réels et tangibles (cf. la région des Grands Lacs, les Balkans, l'ancien empire soviétique)? À côté de nos identités originelles qu'il nous faut assumer pour ne pas nous dissoudre dans l'irréelle, existe en chacun de nous notre identité internationale qui nous rattache à un réseau de complices avec lesquels nous proclamons l'unité du genre humain[51]. »

La Négritude, mouvement du passé ou espoir pour l'avenir ?

Doit-on désormais percevoir la Négritude comme un concept superfétatoire pour notre époque ? Je ne pense pas. Son esprit est présent. Achille Mbembe dans *Critique de la raison nègre* propose de relire « la figure du Nègre » qu'il faudra percevoir dans le tourbillon du capitalisme et du néolibéralisme.

La Négritude n'est pas essentiellement une affaire de Noirs entre les Noirs, mais une façon de reconsidérer notre humanisme. Ce que nous dit, au fond, le Tchadien Nimrod qui, avec *Le Tombeau de Léopold Sédar Senghor* (2003), va au-delà d'un exercice d'admiration, pour convoquer l'urgence senghorienne d'une fraternité humaine.

Célestin Monga, dans *Nihilisme et Négritude* (2009), exposait déjà comment certains discours sur l'Afrique, entre structuralisme et culturalisme, étaient marqués par un paternalisme à l'égard du continent noir : le culturalisme voyant par exemple les communautés africaines comme « habitées par le goût du sadomasochisme et du cynisme[52]. »

En réalité, tout dépend de ce que l'on met à l'intérieur de cette Négritude. De nos jours le mouvement peut apporter le meilleur comme le pire. Le meilleur, c'est de nous permettre de repenser un humanisme non seulement inspiré de la philosophie senghorienne dans ses essais *Libertés*, du cri sincère et éternel de Césaire, de la force de ces femmes de l'ombre à qui l'on doit une reconnaissance, mais aussi de dire que l'écriture de l'histoire des Noirs de France passe par cette Négritude. Le pire serait d'en faire l'instrument d'un africanisme grégaire, d'un afrocentrisme absolu. On pourrait, de manière sophiste, détourner les thèses de l'égyptologue Cheikh Anta Diop, lui imputer ce qu'il n'avait pas dit et, par voie de conséquence, fragiliser irrémédiablement ses études pertinentes sur les civilisations nègres de l'Égypte ancienne, oubliant que cet historien iconoclaste dont on avait refusé la soutenance de thèse à Paris, travaux qui paraîtront chez Présence Africaine en 1954 sous le titre de *Nations nègres et culture*, ce chercheur infatigable nous aura laissé une œuvre qui illustre l'apport des cultures noires à la civilisation mondiale. Et, quelle que soit notre couleur, quelles que soient nos origines, ces travaux devraient nous rappeler une réalité capitale : le monde est une addition, une multiplication, et non une soustraction ou une division…

TROISIÈME LEÇON

De quelques thématiques de la littérature africaine
(5 avril 2016)

Cette troisième leçon consacrée aux « thématiques de la littérature d'Afrique noire d'expression française » a pour objectif de souligner quelques-unes des orientations, j'allais dire des tendances générales des lettres noires, depuis le début du XXe siècle jusqu'à nos jours. Ce sera une manière de lire (ou de relire) les grands textes des auteurs incontournables d'un continent dont la création a constamment embrassé le rythme tourmenté de l'histoire africaine, avec la nostalgie de l'époque précoloniale, la servitude et l'assimilation de la période coloniale française, jusqu'à l'excitation éphémère des indépendances dans les années 1960, la désillusion totale au moment des coups d'État militaires et la mise en place des régimes communistes.

L'Afrique étant mobile par le biais des déplacements de sa population, il sera également question du roman de la migration, autrement dit, de la mobilité des anciens colonisés vers le continent de leur ancien colonisateur, avec les conséquences qui pèsent plus que jamais sur les politiques européenne et africaine actuelles...

Huit leçons sur l'Afrique

L'évocation de l'époque précoloniale

Les premiers pas des lettres africaines d'expression française étaient marqués par le souci d'illustrer l'Histoire du continent avant l'arrivée du Blanc. Les écrivains étaient convaincus que ce passé devrait être exposé dans le dessein de contrer les discours européens qui avaient dressé jusque-là un portrait à la fois sombre et fantaisiste de l'Afrique : il n'y aurait rien eu avant, l'Afrique aurait symbolisé les ténèbres, la barbarie des peuples sans civilisation. Les pionniers des lettres africaines allaient ouvrir le bal avec des personnages historiques hauts en couleur.

C'est ainsi que dans *Doguicimi* (1938), le Béninois Paul Hazoumé racontera la geste du roi Guézo d'Abomey (l'actuel Bénin) et présentera le livre comme « un document ethnologique et historique, fruit de vingt-cinq ans de commerce avec les anciens du Dahomey ». Si *Doguicimi* restera toutefois un roman dont la trame tournera autour de la vie d'une femme restée fidèle à son mari captif pendant la guerre, puis tué à l'étranger, l'intrigue sera vite éclipsée par le foisonnement des éléments ethnographiques et historiques, les usages de la cour du roi Guézo, ses cérémonies, ses fêtes selon les traditions et les oracles. Ces détails sont si récurrents que l'universitaire Deborah Lifchitz regrette l'absence de la voix du peuple et reconnaît que « toute personne qui voudra désormais étudier le Dohomey devra d'abord étudier cet ouvrage[53] ». Par ailleurs, l'opposition que fait Paul Hazoumé entre les païens – considérés comme les responsables de multiples cruautés du continent noir

De quelques thématiques de la littérature africaine

– et la louange trop appuyée du christianisme sera plus tard contredite, si l'on se souvient de la célèbre formule du père de l'indépendance kényane Jomo Kenyatta (1894-1978) :

> « Lorsque les Blancs sont venus en Afrique, nous avions les terres et ils avaient la Bible. Ils nous ont appris à prier les yeux fermés : lorsque nous les avons ouverts, les Blancs avaient la terre et nous la Bible. »

Il faut néanmoins reconnaître à *Doguicimi* l'initiative d'un genre plus en phase avec la manière de faire connaître le continent : l'épopée ou la légende historique par le biais des griots, ces maîtres de la parole ancestrale traduite désormais dans la langue du colonisateur, comme le fera également le Congolais Jean Malonga avec *La Légende de M'Pfoumou Ma Mazono* (1954) dans laquelle l'Afrique précoloniale est revisitée, avec en toile de fond la question de l'esclavage.

Dans *Soundjata ou l'épopée mandingue* (1960) du Guinéen Djibril Tamsir Niane, la parole retranscrite par l'auteur provient du griot Mamadou Kouyaté. Sous la plume de Tamsir Niane, on va à la rencontre de Soundjata Keita, personnage historique qui sera le roi du Mandingue au XIIIe siècle, effaçant de bout en bout l'image d'une Afrique médiévale caricaturale qu'on nous avait présentée jusque-là. Cette épopée prouve en effet que l'ignorance de l'importance des civilisations africaines précoloniales continue à accoucher des discours étranges comme celui-ci, prononcé par l'ancien président de la République française, Nicolas Sarkozy :

> « Le drame de l'Afrique c'est que l'homme africain n'est pas assez entré dans l'histoire. Le paysan africain, qui depuis des millénaires, vit avec les saisons, dont l'idéal de vie est d'être en harmonie avec la nature, ne connaît que l'éternel recommencement du temps rythmé par la répétition sans fin des mêmes gestes et des mêmes paroles. Dans cet imaginaire où tout recommence toujours, il n'y a de place ni pour l'aventure humaine, ni pour l'idée de progrès. Dans cet univers où la nature commande tout, l'homme échappe à l'angoisse de l'histoire qui tenaille l'homme moderne mais l'homme reste immobile au milieu d'un ordre immuable où tout semble être écrit d'avance. Jamais l'homme ne s'élance vers l'avenir. Jamais il ne lui vient à l'idée de sortir de la répétition pour s'inventer un destin. Le problème de l'Afrique, et permettez à un ami de l'Afrique de le dire, il est là. Le défi de l'Afrique, c'est d'entrer davantage dans l'histoire. »

Comment juger de telles approximations qui font par exemple l'impasse sur la grandeur et le rayonnement de l'empire du Ghana (750-1204), contemporain de celui de Charlemagne, et qui était le plus vaste des deux ? Dans ce sens *Soundjata ou l'épopée mandingue*, ouvrage paru pendant les indépendances africaines, grand poème épique, pourrait nous servir de réponse à ce type de discours contradictoire. Tamsir Niane nous raconte la fondation

De quelques thématiques de la littérature africaine

d'un grand empire, celui du Mali, en plein Moyen Âge pendant qu'à la même l'époque régnait en Europe un véritable chaos avec la chute de l'Empire romain, la prise de contrôle de plusieurs régions européennes par des tribus germaniques – oui, il y avait des tribus en Europe, et donc le tribalisme –, sans compter les invasions normandes, les Croisades, le renforcement du pouvoir royal et les conflits entre la France et l'Angleterre sur les principes de la féodalité. Et c'est au peuple africain qu'on dirait que «jamais il ne lui [viendrait] à l'idée de sortir de la répétition pour s'inventer un destin»?...

Cette épopée de Soundjata, qui a influencé les premiers écrits des Africains, continue à passionner les écrivains puisqu'elle a connu d'autres versions, notamment celles du Malien Massa Makan Diabaté dans *Kata Djata* (1970) et dans *Le Lion à l'arc* (1986), ou encore celle de Camara Laye dans *Le Maître de la Parole* (1978).

Si cette entreprise africaine de retranscription de la mémoire partageait avec la fiction française d'exploration du continent noir le désir de *faire connaître* l'Afrique, elle encourait en retour les mêmes risques de la surenchère car, à leur époque, ainsi que je l'ai rappelé dans la leçon inaugurale, «en inscrivant le savoir comme élément substantiel, les fictions françaises d'exploration ne pouvaient que magnifier l'Afrique à leur manière – avec la maladresse prévisible d'en faire un continent unique, un continent de l'étrange et de la fascination. Le romancier français d'exploration n'hésitait donc pas à prendre des libertés qui ne permettaient pas toujours au lecteur de séparer le bon grain de l'ivraie en un temps où le voyage vers l'Afrique était rare, exceptionnel et périlleux ».

Quel serait alors, pour les Africains, le principal danger ? Ce serait celui de généraliser l'Afrique précoloniale, de l'enjoliver à l'extrême, et donc de ne lui reconnaître qu'une image de sainteté, de paix absolue remontant aux temps des origines et de passer grossièrement sous silence les conflits internes liés à toute société, les tensions et les pratiques esclavagistes qui préexistaient à l'arrivée du Blanc – pensons à l'esclavage arabo-africain. La question serait de savoir si cette littérature d'exaltation du passé par les Africains, emmenée par Paul Hazoumé, pourrait proposer, aux côtés des figures héroïques de la trempe de Soundjata, d'autres personnages crapuleux ou dresser objectivement l'inventaire des attitudes et des turpitudes ayant conduit les Africains à assujettir d'autres Africains.

À en croire la conjuration dont fut victime le romancier Yambo Ouologuem à la parution de son chef-d'œuvre *Le Devoir de violence* (1968), la réponse serait non, parce que la plupart des écrivains qui le précédaient et ceux de son époque étaient préoccupés par le procès contre l'homme blanc qui nécessitait de ne surtout pas étaler ses propres ignominies. Qu'est-ce que *Le Devoir de violence* de Yambo Ouologuem sinon une des premières illustrations de l'indépendance de l'écrivain africain, celui-là qui répudiait déjà les thèses véhiculées par la Négritude, thèses qui consistaient, selon lui, à proposer une image angélique, bucolique et mythique d'une Afrique précoloniale « parfaite » troublée soudainement par l'irruption de l'homme blanc ?

De quelques thématiques de la littérature africaine

Yambo Ouologuem avait pris le courage d'entonner une autre chanson, celle que lui permettait d'afficher son pouvoir de créateur pour blâmer la mesquinerie et le cynisme de certains chefs africains. Dans la préface de son roman, il s'attellera à prouver comment l'esclavage de l'Afrique par les Arabes et la colonisation par les « Notables africains » existaient déjà avant l'arrivée des Européens :

> « C'est le sort des Nègres d'avoir été baptisés dans le supplice : par le colonialisme des Notables africains, puis par la conquête arabe […]. Les Blancs ont joué le jeu des Notables africains… »

La démarche de la transcription des épopées sera ainsi celle qui poussera les auteurs africains de reprendre plus tard les contes et les légendes du continent, puis d'étendre le champ d'une littérature qui aspirait à se démarquer des contraintes de la littérature européenne, avec ici aussi l'inconvénient de laisser penser au lecteur occidental que la littérature africaine ne se réduisait qu'aux légendes ou aux contes narrés sous l'arbre à palabres par un vieillard barbu, édenté et au corps squelettique.

Des œuvres comme *Les Contes d'Amadou Koumba* (1947) du Sénégalais Birago Diop, *Le Pagne noir* (1955) de l'Ivoirien Bernard Dadié, *À la belle étoile* (1962) du Camerounais Benjamin Matip, *Légendes africaines* (1967) de Tchicaya U Tam'si chevauchent toutes entre transcription de l'héritage culturel ancestral et liberté de l'imaginaire de l'auteur.

Le Malien Amadou Hampaté Bâ sera celui qui marquera les esprits. Il vouait son existence à récolter la sagesse de la tradition orale, à décrire la période coloniale avec un humour décapant qu'il devait à sa connaissance inépuisable des traditions africaines de l'oralité.

Dans *L'Étrange Destin de Wangrin* (1973), un de ses livres les plus ambitieux, c'est un interprète africain qui, pendant la colonisation, excelle dans la ruse et les roueries aux dépens des colons. Wangrin s'enrichit en devenant un grand commerçant, avant d'être ruiné par manque de respect des traditions.

La peinture de la société coloniale

Nous sommes dans les années 1920, l'Amérique noire culturelle, comme souligné dans la leçon précédente, est en pleine effervescence avec le mouvement de la Renaissance de Harlem dont la feuille de route est la volonté de l'homme noir d'exalter sa culture, de hâter la reconnaissance de ses droits civiques face à une Amérique ségrégationniste. Pendant ce temps, en France, la colonisation est la préoccupation des Africains et, partout, on parle d'un événement littéraire d'une ampleur que n'avait pas connue jusqu'à présent les lettres noires : la sortie du roman *Batouala* (1921) de René Maran.

Si la thématique centrale de cette période est certes celle de la description de l'ère coloniale, ce qu'apporte Maran, né à la Martinique de parents guyanais, c'est

De quelques thématiques de la littérature africaine

une autre littérature, celle du regard du colonisé sur le colonisateur blanc. Et qui d'autre mieux que lui pouvait y exceller, lui qui fut un fonctionnaire dans l'administration coloniale de l'Afrique équatoriale ?

La description des anomalies, du comportement du colonisateur, ses manies et ses tares marquent désormais l'univers romanesque de ce monde noir des années 1920. En somme, c'est une littérature dans laquelle les Noirs regardent le Blanc et le jugent. Peut-être même, sur le plan critique, l'amorce de cet « exotisme renversé », aux antipodes de la littérature exotique et coloniale française où c'est le Blanc qui regardait le Noir.

Paradoxalement, *Batouala* confortait quasiment en arrière-plan les ingrédients du roman colonial, avec une vision de l'Afrique qu'on pourrait aisément attribuer à un auteur français installé dans les colonies. Beaucoup de poncifs sur les sociétés africaines se retrouvent dans cette fiction pourtant révolutionnaire : le personnage Batouala est un chef de tribu, il a huit femmes ; les attaques de panthère dans la brousse, la chasse à l'aide de la sagaie, les descriptions des rituels funéraires même si l'intérêt du livre était d'illustrer, ou sans doute de tenter d'illustrer ce qu'est une vie dans un village noir et la perception de l'homme blanc par ses habitants.

Maran était à l'origine d'une littérature dans laquelle le Blanc, pour une fois, devenait un personnage secondaire, et c'était plus qu'un renversement ! Mieux encore, *Batouala* ouvrait la voie aux pionniers du roman africain tels Bernard Dadié, Camara Laye, Ferdinand Oyono, Mongo Beti ou encore Sembène Ousmane.

Mais durant cette époque coloniale, le roman suscitait de la méfiance. Parce que le genre recommandait une soumission aux règles régissant les œuvres romanesques de la littérature coloniale. L'exemple-type de cette ambiguïté est fournie par la querelle qui allait éclater au début des années 1950 avec la parution de *L'Enfant noir* de Camara Laye. On reprochait au romancier guinéen, qui racontait ses souvenirs d'enfance, de proposer une image de l'Afrique « paisible, belle, maternelle », et ces critiques, portées par le romancier camerounais Mongo Beti, étaient publiées dans la principale plate-forme de la Négritude, de l'éveil de la conscience noire, *Présence Africaine*. À la différence des griefs adressés contre les écrivains fascinés par la période précoloniale, ici l'esprit est d'assigner à l'auteur la mission de conduire l'homme blanc sur le banc des accusés et de lui lire l'acte d'accusation devant le monde entier. On attend de l'écrivain africain qu'il s'insurge inlassablement contre les exactions coloniales – sans doute un des arguments qui allaient pousser certains à ne voir la littérature africaine que sous l'angle du bêlement et de l'engagement politique. La consigne elle-même est imposée par ceux-là qui estiment que la hargne contre le colonisateur est plus importante que les confessions « égocentriques » d'un créateur, Camara Laye, dont le « roman » se déroule « paisiblement » dans son milieu familial.

Toujours est-il que la production littéraire durant la colonisation sera dominée par l'autobiographie, les romans historiques, la critique sociale et l'exaltation de l'Afrique nouvelle au moment des indépendances.

De quelques thématiques de la littérature africaine

Le roman autobiographique ici est par nature éducatif et oppose au monde du colonisateur une Afrique traditionnelle connue par les auteurs africains dans leur enfance, une Afrique traditionnelle forcément équilibrée, harmonieuse et homogène. Les écrivains peignent la ville coloniale comme celle de la décadence, avec des fossés dans lesquels les indigènes échouent sans la possibilité d'en sortir. Le monde de la colonisation par nature est individuel, source d'angoisses permanentes, de cynisme administratif et de perversions de l'homme blanc partisan de la violence, animé par l'abus du pouvoir, attiré par l'alcool et le sexe.

En pleine colonisation, l'écrivain a un rôle taillé sur mesure : éduquer les masses, leur montrer comment tirer leur épingle du jeu dans cet univers de cruauté. Deux romans sont les symboles de cette ère, *L'Enfant noir* (1953) déjà cité et *Climbié* (1952) de Bernard Dadié. La question du malaise du colonisé est au cœur des préoccupations de ces deux créateurs. Et ce malaise est si profond que plus tard, pour éclairer par exemple la situation de l'Africain écartelé entre sa foi de musulman et son attraction pour la philosophie occidentale, Cheikh Hamidou Kane, dans *L'Aventure ambiguë* (1961), mettra en scène la vie de Samba Diallo ayant fréquenté l'école coranique et l'école française, une hybridité culturelle qui, à la longue, signera son acte de décès.

Camara Laye, lui, n'a que vingt-cinq ans lorsque paraît son roman *L'Enfant noir* en France. Il peint son environnement – Kouroussa, le village natal –, et au-delà, son groupe social qu'il faut lire à travers ce « je » en réalité pluriel. Le roman nous met devant un univers où la cosmogonie du clan est convoquée et la réalité animiste mise en exergue par l'apparition d'un serpent dont la reptation capte l'attention du petit enfant qu'est Laye.

Dans *Climbié* de Bernard Dadié il y a certes un départ pour l'Europe comme chez Laye, mais avec un retour du protagoniste Climbié en Afrique après avoir servi, à Dakar, pendant une dizaine d'années de service, dans l'administration coloniale. Si à la différence de *L'Enfant noir* l'idéal politique marque *Climbié*, les deux romans tracent cependant le portrait du colonisé écartelé entre la culture française – acquise à travers l'école – et la nécessité de la concilier avec les traditions africaines. Chez Laye on a le sentiment d'une voix à la fois apaisée et inquiète, naïve et malicieuse – parce que l'enfant porte en lui le poids des préceptes familiaux ; chez Dadié la crise identitaire demeure prégnante. Laye pense s'en guérir grâce au bouclier des traditions ; Dadié estime, lui, que c'est dans l'action politique, ou du moins dans la contestation de l'hégémonie de la langue française et de ses méthodes d'enseignement dans le continent noir qu'il faudrait entreprendre le combat contre l'aliénation culturelle imposée par le système colonial français.

Oui, le français est une langue d'imposition et, sous une fausse défense de « la langue de Vaugelas », toute l'ironie de Bernard Dadié éclate :

> « Rien n'est aussi douloureux que d'entendre mal parler une langue maternelle, une langue qu'on entend,

qu'on apprend dès le berceau, une langue supérieure à toutes les autres, une langue qui est un peu soi-même, une langue chargée d'histoire et qui, à elle seule, pour un peuple, atteste son existence. À l'école, dans les rues, dans les casernes, dans les magasins, c'est le massacre de la langue française. Cela devient un supplice intolérable. »

La religion est aussi en ligne de mire des auteurs de cette époque, et c'est encore Mongo Beti qui, dans *Le Roi miraculé* (1958), monte au créneau et exprime son anticléricalisme à travers le destin du chef Essomba Mendouga qui se convertit au christianisme, un signe d'une déliquescence de la société traditionnelle, celle de la tribu d'Essazam.

Dans cette charge contre la colonisation, il arrive même que le personnage-narrateur soit le plus insignifiant, le plus inattendu – parce qu'on pourrait alors lui insuffler toute la dose nécessaire de la naïveté. C'est le cas dans *Une vie de boy* (1956) du Camerounais Ferdinand Oyono, où c'est Joseph, le domestique d'un commandant blanc qui, dans son journal intime, nous donne à lire les pages les plus cocasses sur la vie quotidienne pendant la période coloniale, avec une mise à nu des mœurs des colons, tout cela par la voix d'un enfant.

Pour sa part, Sembène Ousmane, qui aura laissé également une œuvre cinématographique de premier plan, est plus porté par une veine réaliste tirée de sa fascination pour l'univers de Zola. Il fait paraître en 1960 *Les Bouts de bois de Dieu*, fiction qui se penche sur la grève des cheminots du Dakar-Niger en 1947. Dans un autre de ses romans, *Le Mandat* (1968), on perçoit déjà ce que sera notre ère où l'Afrique de l'intérieur se confronte à celle de l'extérieur lorsqu'un pauvre chômeur de Dakar a du mal à toucher un mandat que lui a envoyé son neveu balayeur à Paris.

Il serait inexact de déduire que tous les romans de la période coloniale étaient portés par l'engagement politique. Certaines fictions, et non des moindres, nous renseignaient plutôt sur les mœurs africaines, sorte de fictions de société détachées du débat sur la colonisation. C'est ce qu'on retrouve dans les œuvres des Sénégalais Ousmane Socé, *Karim* (1935), et Abdoulaye Sadji, *Nini* (1947), du Malien Seydou Badian, *Sous l'orage* (1957), du Béninois Olympe Bhêly-Quenum, *Un piège sans fin* (1960), ou du Camerounais Francis Bebey, *Le Fils d'Agatha Moudio* (1967).

Le cœur de ces œuvres est l'opposition entre la « modernité » et la tradition, entre ce qui a été et ce qui est, sans doute aussi, avec un certain souci d'éducation et un appel à ne pas se dépouiller de son âme pour la vendre aux mirages de la civilisation occidentale, un leurre qui prendrait fin avec l'avènement des indépendances…

Les indépendances africaines et leurs illusions

Les indépendances africaines étaient censées apporter l'émancipation des peuples africains. L'enthousiasme,

De quelques thématiques de la littérature africaine

la liesse et l'espoir étaient au rendez-vous en ces années 1960. Le 30 juin 1960, Patrice Lumumba interviendra après le roi Baudouin qui venait de faire l'éloge de la colonisation le jour même où le Congo belge accédait à son autonomie.

Lumumba dressait alors le constat suivant :

> « Nous avons connu les ironies, les insultes, les coups que nous devions subir matin, midi et soir, parce que nous étions des nègres… Qui oubliera, enfin, les fusillades où périrent tant de nos frères, ou les cachots où furent brutalement jetés ceux qui ne voulaient pas se soumettre à un régime d'injustice, d'oppression et d'exploitation ? »

Malgré l'euphorie et les espérances des peuples africains enfin libérés du joug colonial dans ces années 1960, l'Afrique devint vite le théâtre d'une vague de dictatures marquée par la présence de monarques arrivés au pouvoir à l'occasion des coups d'État, parfois avec la bénédiction souterraine de l'ancienne puissance coloniale. Une littérature contre les dictatures voit alors le jour vers la fin de la décennie, notamment avec *Les Soleils des Indépendances* (1968) d'Ahmadou Kourouma, puis plus tard avec *La Vie et demie* de Sony Labou Tansi (1979), *Les Crapauds-Brousse* (1979) de Tierno Monénembo ou encore *Le Temps de Tamango* de Boubacar Boris Diop (1981).

Ahmadou Kourouma entreprend le bilan des conséquences des indépendances sur les sociétés traditionnelles

Huit leçons sur l'Afrique

l'avènement des partis uniques pendant que ⟨S⟩ou Tansi, à l'instar des écrivains latino-américains, décrit les atrocités des « guides providentiels » et autres présidents à vie, dessinant au passage la figure du rebelle, opiniâtre et immortel, bête noire des monarques.

Tierno Monenembo dénonce, dans un portrait à peine voilé, la tyrannie du monarque guinéen Sékou Touré à travers le personnage du despote Sâ Matraq et son acharnement sur son peuple, et surtout sur les élites, incarnées dans le roman par Dioulé, revenu au pays après des études d'électricité en Hongrie.

Enfin, le Sénégalais Boubacar Boris Diop dresse un réquisitoire de ces indépendances fallacieuses avec pour angle d'attaque le règne de Léopold Sédar Senghor, élu président du Sénégal en 1960...

Avec son roman *Le Pleurer-rire* (1982), le Congolais Henri Lopes allait se démarquer par son ton, son originalité, son français « africanisé », le foisonnement des « congolismes » et une structure très éclatée portée par un enchevêtrement de voix de narration. Le comique et le burlesque sont sa marque de fabrique dans une littérature congolaise que l'on qualifiait jusqu'alors de sérieuse, voire d'obséquieuse. La satire des mœurs socio-politiques, le tribalisme, le marxisme-léninisme vers lequel les nations africaines se tournèrent après les indépendances seront traités avec cette fantaisie qui caractérise l'univers de Lopes. Dans *Le Pleurer-rire* un dictateur surnommé Hannibal-Ideloy Bwakamabé Na Sakkadé arrivé au pouvoir à l'occasion d'un coup d'État exerce

De quelques thématiques de la littérature africaine

un pouvoir si autocratique qu'il n'acceptera même pas qu'un de ses ministres prononce un discours ou aille inaugurer la moindre bâtisse publique. L'autocrate est partout, omniprésent, hante la vie quotidienne et les rêves de la population. Il n'a d'égal que le Christ, et sur terre il se compare aux dirigeants de son rang comme Louis XIV qu'il admire au point de se faire construire son propre jardin de Versailles dans le dessein de recevoir les grands de ce monde qui viendraient l'honorer pendant la célébration de ses anniversaires. Pendant ce temps, le peuple croupit dans la misère.

Dans leur critique de la société postcoloniale les écrivains regardent donc de l'intérieur ces nations africaines qui sombrent dans le chaos et fabriquent d'autres formes d'inégalités au détriment du petit peuple qui, malgré son attachement aux traditions, se voit marginaliser par des politiques encore plus violentes que celles de l'ère coloniale, parce que ce n'est plus le Blanc qui assujettit le Noir, mais le Noir qui oppresse le Noir.

Le roman *La Grève des battù* (1979) de la Sénégalaise Aminata Sow Fall apportait un regard éloigné de celui de la plupart de ses consœurs qui ne traitaient en général que de la condition féminine, de l'excision, de la polygamie, de la dot, de la stérilité, etc. Sow Fall privilégie le «citoyen narrateur» au détriment du personnage principal féministe et moralisateur. Ce qui importe pour elle c'est la critique des déviations nées avec les indépendances africaines. Elle ne légitime pas cependant la colonisation, encore moins le recours aveugle vers le passé, elle fustige la folie de nouveaux gouvernants, les Africains eux-mêmes, qui cèdent à la tentation d'une occidentalisation radicale. Ses personnages sont les victimes de cette confrontation, comme ces mendiants des quartiers de Dakar qui tendent un bol, le *bàttu*, dans lequel les passants, par générosité et par respect à la tradition, leur jettent une ou deux pièces. Par son art de la satire et de l'humour noir, Sow Fall offre une vision socio-réaliste plus large de l'Afrique postcoloniale et rappelle qu'il n'y a pas une incompatibilité entre les traditions et le monde moderne :

> « J'ai vécu dans une maison où la tradition était là et c'est là que j'ai appris à être moderne, sans qu'on en parle, parce qu'il faut aussi être dans son temps. Il faut chercher le futur, mais dans la tradition[54]. »

La Grève des bàttu pourrait, dans une certaine mesure, même si l'auteure s'en défend souvent, être lu comme une charge contre la politique menée par le président-poète Léopold Sédar Senghor qui avait décidé, dans les années 1970, pour la « bonne image du pays », de traquer les mendiants des rues de Dakar. Senghor, pourtant vu comme le chantre de « l'humanisme » et un des initiateurs de la Négritude, ne pouvait ignorer l'importance de ces « damnés de la terre » dans les coutumes sénégalaises, voire ouest-africaines. Ils sont le lien entre le peuple et Allah, et c'est par le biais de ces marginaux qu'on recevait la bénédiction divine, la fortune dans les affaires ou l'avancement dans sa carrière professionnelle.

De quelques thématiques de la littérature africaine

Qu'est-ce qui romprait cet équilibre sinon l'appât du gain de tous ces nouveaux dirigeants africains ?

La société traditionnelle n'est cependant pas mise de côté, car il existe toujours de mauvais esprits qui se réfugient dans les traditions pour mieux perpétuer les injustices. L'écrivaine camerounaise Werewere Liking incarne cette mouvance en s'attaquant aux sociétés patriarcales avec son livre *Elle sera de jaspe et de corail* (1983), montrant ainsi son rêve de voir une Afrique où les femmes et les hommes ne seraient plus que des « enfants de souffle et de feu, de jaspe et de corail ». Peintre, metteur en scène et romancière, Werewere Liking qui présente son ouvrage comme un « chant-roman » aspire à bousculer les marges du roman et à s'affranchir de ses frontières afin de mieux trancher les contours d'une écriture qui annonce déjà les expériences que suivront les écrivains des années 1990 : liberté de ton et de thématique.

La société traditionnelle en prise avec le monde postcolonial est également le cœur de l'œuvre romanesque de Ken Bugul, la romancière bénino-sénégalaise, qui n'hésite pas à introduire le scandale sous la forme d'un témoignage personnel dès son premier roman, *Le Baobab fou* (1976). Elle a été la vingt-septième femme d'un mari polygame – ce qui n'est pas sans nous rappeler *Une si longue lettre* (1979) de la Sénégalaise Mariama Bâ, une des premières plumes féminines d'Afrique noire d'expression française. *Le Baobab fou* est aussi une amorce du retour de la thématique de l'immigration dans le paysage littéraire africain puisqu'il s'agit de la déception ressentie par l'auteur en Europe où elle faisait ses études et de son retour au pays natal où elle essaie de se départir de son aliénation culturelle dans le dessein d'embrasser ses propres coutumes...

Dans son roman *La Saison de l'ombre* (2013), la Camerounaise Léonora Miano est dans la ligne de Yambo Ouologuem dans le traitement de la question de l'esclavage de Noirs, de la trahison venant des Noirs eux-mêmes – une question qui préoccupe de plus en plus notre génération et que pour ma part j'avais abordée dans mon recueil d'essais, *Le Sanglot de l'homme noir* (2012).

Miano nous invite à la reconquête de l'Histoire par sa compréhension d'abord, puis par son refus de masquer les pires ignominies du passé au motif qu'elles proviendraient des êtres qui nous entourent, qui nous ressemblent et qui risqueraient de modifier notre schéma traditionnel de la culpabilité imposée non pas par les faits, mais par stratégies idéologiques. Il ne s'agit pas d'effacer le rôle de l'Occident dans les malheurs de l'Afrique, il s'agit de le dire, c'est vrai, mais de le dire aussi de la manière la plus complète, sans escamoter notre propre « complicité » sous la forme d'une collaboration active ou passive.

Notre monde étant désormais celui de la confrontation des cultures, dire l'Histoire c'est aussi rapporter notre manière de bouger, d'aller d'un continent à l'autre, donc migrer...

De quelques thématiques de la littérature

Le roman de la migration

La thématique de la migration n'est pas neu[ve], a été abordée depuis bien longtemps dans les lett[res] continent noir et a bénéficié d'un large écho à partir des années 1980 où, comme le rappelle Nathalie Philippe, «apparaît une abondante littérature écrite, certes, par les enfants de la postcolonie, mais qui ont fait le choix de faire de leur situation d'exilés en France, le plus souvent à Paris et en région parisienne, un moteur de création[55]». Parce qu'ils écrivent, publient et vivent hors de leur continent d'origine et que leurs œuvres évoquent à la fois la France, l'Afrique et la condition de l'étranger en Europe, l'universitaire Odile Cazenave a caractérisé ce phénomène par une formule qu'il a donnée comme titre à son livre : *Afrique sur Seine*[56].

Mais, ainsi que noté précédemment, la migration a toujours été au cœur de la littérature africaine. L'immigration «contemplative» des textes fondateurs de la littérature africaine était axée sur la critique des mœurs des Français, de leur manière de bavarder, de se moucher, de fumer, de marcher vite dans la rue comme, en 1959, dans *Un nègre à Paris* de Bernard Dadié[57] où le personnage principal, Bertin Tanohé, décrit avec minutie les habitudes parisiennes, un peu à la manière des *Lettres persanes* de Montesquieu. *Un nègre à Paris* est assurément l'un des romans africains qui aident le mieux à comprendre l'état d'esprit des Parisiens à la veille des indépendances africaines.

Mais cette immigration de la période coloniale ne se distingue-t-elle pas de «l'immigration d'autoflagellation» du romancier togolais Sami Tchak dans *Place des Fêtes* (2001)? En effet, le personnage principal de Tchak est né en France. Fruit de l'immigration, de la «présence noire en France», il ne comprend pas ce qui se passe «là-bas», dans le continent noir. Il ne s'explique pas les manières africaines, cette révérence encombrante à ses yeux, la volonté de son père d'être à tout prix enterré «là-bas». Alors, le jeune homme se rebelle, refuse de porter le poids des traditions que souhaite lui transmettre son géniteur. Il veut être libre aussi bien dans sa culture que dans sa sexualité. Ici il ne s'agit plus seulement du voyage traditionnel Afrique-Europe, mais aussi et surtout des rapports des Africains avec les autres Africains en Europe, et particulièrement en France.

Il existe par conséquent une divergence incontestable entre l'immigration telle que l'évoquent les romans de l'époque coloniale et celle des écrivains de ma génération nés après les indépendances. Les personnages des romans de ces dernières années sont plutôt désespérés. Ils font face aux lois qui n'existaient pas en 1937, à l'époque de la publication de *Mirages de Paris* du Sénégalais Ousmane Socé où, rappelons-le, la plupart des ressortissants des anciennes colonies étaient des citoyens français et pouvaient aisément se rendre en métropole s'ils en avaient les moyens. L'immigration n'était pas alors un enjeu pour les démagogues, et l'économie française, ravagée par les conflits mondiaux, avait besoin de main-d'œuvre. Mais une thématique, par essence, n'est pas statique. Elle est souvent visitée et revisitée. Depuis la Seconde Guerre mondiale, il ne

De quelques thématiques de la littérature a[...]

se passe pas une année sans qu'un roman ne [...]
France sur le thème de l'Occupation ou du [...]
exclu de dénicher dans ces œuvres la moind[...]

L'immigration en France traverse également l'œuvre de la Suisso-Gabonaise Bessora dont le premier roman, *53 cm* (1999), reflète d'ailleurs de très près sa propre vie même si l'auteure réussit avec virtuosité à mettre de la distance entre elle et ses personnages. Comment ne pas l'associer à son héroïne Zara ? Celle-ci est née en Belgique, elle est aussi d'origine suisso-gabonaise comme Bessora et souhaite venir en France afin d'étudier les mœurs des populations « primitives ». Cette science, la narratrice l'appelle la « gaulologie », et ce sera le parcours du combattant car il lui faudra, pour tout commencer, un vrai « talisman – en l'occurrence la carte de séjour. L'occasion pour Bessora d'entreprendre une analyse « ethnologique » de la France, passant à la moulinette les poncifs, les préjugés raciaux ou encore les multiples aberrations administratives qui rendent la vie dure aux étrangers. Dans un ton plutôt enjoué, elle retourne les rôles, applique à l'Europe les théories naturalistes et déterministes qui, en d'autres temps, étaient élaborées par certains philosophes et anthropologues pour légitimer la colonisation et diviser le monde entre d'un côté les civilisés, et de l'autre les barbares à qui les premiers avaient le devoir d'apporter les Lumières.

Dans le même ordre d'idées, l'œuvre de Fatou Diome s'ouvre avec un regard caustique d'une France – et d'une Afrique – qui, dans le recueil de nouvelles, *La Préférence nationale*, (2001) ou le roman *Le Ventre de l'Atlantique*

(2003), revisite les aberrations des rapports encore entachés de préjugés des Occidentaux sur les Africains, mais aussi de ces sociétés africaines qui pratiquent l'exclusion sous le couvert des traditions.

On pourrait, bien entendu, aligner d'autres thématiques, comme celle de la *littérature-monde* dont l'esprit est de bousculer les frontières nationales, contester l'hégémonie de Paris dans la création en langue française; ou encore la question du génocide au Rwanda qui, en 1994, allait modifier la perception du statut de l'écrivain. Ainsi que je le détaillerai dans une leçon à venir, le Rwanda a inspiré une littérature de témoignage qui a dépassé le cadre de la littérature africaine puisque des auteurs étrangers comme le Français Jean Hatzfeld, avec *Une saison de machettes* (2003), *Dans le nu de la vie* (2000), *La Stratégie des antilopes* (2007), ou le journaliste et écrivain québécois Gil Courtemanche avec *Un dimanche à la piscine à Kigali* (2000), entre autres, ont contribué à la mise en lumière de cette tragédie de la même manière que le Djiboutien Abdourahman Waberi dans *Moisson de crânes* (2000), Boubacar Boris Diop dans *Murambi, le livre des ossements* (2000), ou Tierno Monénembo dans *L'Aîné des orphelins* (2000).

Outre le génocide au Rwanda, il faut noter l'abondante littérature sur «les enfants soldats» dans le continent noir – avec notamment les romans d'Ahmadou Kourouma comme *Allah n'est pas obligé* (2000), *Quand on refuse on dit non* (2004)…

De quelques thématiques de la littérature africaine

« Migritude » et « provincialisation de la France »

Dans son ouvrage *Noirs d'encre*, l'Américain d'origine britannique Dominic Thomas illustre comment le colonialisme, et surtout l'immigration et l'identité, sont au cœur de ce qu'il appelle la « littérature afro-française » :
« Alors que les personnages des textes de l'ère coloniale s'embarquaient vers la France principalement pour étudier ou voyager, ceux des romans contemporains se voient confrontés aux centres de rétention, à des problèmes de procédure et se retrouvent souvent classés comme illégaux, clandestins ou sans-papiers[58]. » Ce qui, dans une certaine mesure, réduit considérablement les frontières entre la fiction et le documentaire, et ces romans seront d'ordinaire chroniqués sous un angle sociologique, identitaire, voire politique et démagogique, les auteurs étant parfois questionnés en dehors du cadre de la littérature qui n'est plus du coup qu'un alibi pour surenchérir sur la grande question, celle de l'immigration en France.

Ces romans ont commencé à « regarder la France » à partir des années 1980, et il y a toujours, dans chaque rentrée littéraire, un de ces titres provenant d'auteurs installés en Europe, particulièrement à Paris ou sa région et dont les œuvres mettent en scène des protagonistes confrontés à leur condition d'immigrés, entre souci d'intégration et nécessité de ne pas s'écarter de leurs racines.

Vraisemblablement, le personnage de migrant de lettres noires aura pris le visage de notre époque : c'est un « aventurier », immigré politique ou économique dont le séjour en Europe est à durée indéterminée. La plupart de ces histoires « se passent mal », et il est difficile, sinon rare, d'en dénicher une qui « se termine bien ». C'est sans doute cette inclination qui aura conduit certains critiques à évoquer une « littérature de l'afro-pessimisme ». Le roman de la « migritude » est de ce fait caractérisé par une vision plutôt sombre de l'expérience en terre étrangère, cette Europe dont rêvent ceux que le romancier djiboutien Abdourahman Waberi appelle « les enfants de la postcolonie » :

> « Les thèmes du retour au pays natal a pratiquement disparu du paysage romanesque africain : c'est le thème contraire (l'arrivée de l'Africain en France) qui fait fureur chez les jeunes Africains, et dans une certaine mesure chez les moins jeunes. À se demander si le sentiment de culpabilité entretenu par les générations précédentes n'aurait pas disparu [...] En fait, ce n'est pas l'évocation de la France qui est absente des romans africains, c'est plutôt le roman de l'émigration africaine en terre de France qui a tardé[59]. »

Il reste qu'on pourrait conforter les reproches de Jacques Chevrier qui explique que le discours de ces écrivains encourt le risque d'être décalé puisque d'une part, ils sont en situation d'exilés « par rapport à une Afrique de plus en plus lointaine et mythique, et que d'autre part, ils doivent affronter le quotidien d'une société française qui n'a pas encore pris la juste mesure de la diversité culturelle dont elle est tissée[60] ».

De quelques thématiques de la littérature africaine

En définitive, la littérature africaine d'expression française n'a pas fini de suivre telle une silhouette les secousses du continent, et c'est assurément une des raisons qui expliquent l'intérêt croissant des maisons d'édition françaises persuadées que l'Afrique n'est plus loin aux yeux du lectorat et que ce qui la bouleverse a des répercussions immédiates en Europe, voire dans les autres continents. Mais comment éditer aujourd'hui cette littérature ? Faudrait-il lui coller une « étiquette africaine » à travers une collections idoine, comme pour la détacher d'un vaste ensemble – la littérature française – et la rendre ainsi visible ? C'est une question qui mériterait d'être traitée en longueur, et ce sera l'objet de la prochaine leçon…

QUATRIÈME LEÇON

De l'édition de la littérature africaine en France
(12 avril 2016)

À force de trop considérer « à part » la littérature africaine, on finit par créer une ligne imaginaire, j'allais dire une sorte d'équateur qui sépare ce qui relève de la « vraie littérature » – celle des auteurs « franco-français » – de celle qui, finalement, ne serait, hélas, traitée que comme une illustration typée, sociologique, ethnographique, politique et périphérique des cultures africaines. Et pourtant ces œuvres africaines sont écrites en français, publiées et diffusées en France.

La présentation typée ou stéréotypée du « produit »

Ce qui frappe le plus souvent, lorsque qu'on tombe sur quelques couvertures illustrant les œuvres d'auteurs africains, ce sont les images choisies. Elles se recoupent, d'un éditeur à l'autre et, par voie de conséquence, nous conduisent à lire une certaine Afrique. Elles sont en général une invitation au voyage lointain – comme dans les siècles passés où l'illustration devait faire rêver, promettre une balade exotique dans un univers palpitant où le mystère, l'aventure, la magie et la sorcellerie étaient garantis. Dans la leçon inaugurale, j'ai rappelé combien la littérature exotique, selon Jean-François Staszac, avait un dessein bien précis qui avait fait son succès d'alors : cette littérature « engage[ait] à reproduire un voyage qui a[vait] déjà été fait : celui d'où [provenaient] les textes ou les images si attirants qu'on [voulait] aller les voir en vrai[61] ».

La reproduction de cette représentation exotique provient de l'inconscient colonial, la couverture de l'ouvrage ayant pour objectif de « faire très africain », de coller au répertoire des clichés pour rassurer le lectorat qu'une traversée l'attend dans les tropiques. La plupart des ingrédients sont alors mis en œuvre dans la survente de ce « produit » : on promet une langue française prétendument mâtinée d'africanismes joyeux, une oralité savoureuse, imagée et ensoleillée. On garantit la découverte d'une Afrique inconnue, à la fois tendre, violente et dans laquelle le héros transportera les heureux lecteurs au cœur du continent noir, entre magie, sacrifices humains et allégeance aux dieux obscurs des forêts mystérieuses.

Dans son texte *Comment écrire sur l'Afrique* que Michel Le Bris et moi-même avions publié dans le recueil collectif *L'Afrique qui vient*, l'écrivain Kenyan Binyavanga Wainaina (1971-2019) soulignait avec ironie qu'il serait simple d'écrire sur l'Afrique, et il donne quelques clés à ceux qui manqueraient d'idées :

De l'édition de la littérature africaine en France

«Utilisez toujours, dans votre titre, le mot *Afrique* ou *ténèbres*, ou encore *safari*. En sous-titre, vous pouvez inclure *Massaï, Zoulou, Zambèze, Congo, Nil, grandeur, ciel, ombre, tambour, soleil*, peut-être même *passé*. Il est souvent utile de mentionner *guérilla, éternel, primitif* ou *tribal*. Notez que *gens* désignent des Africains qui ne sont pas noirs, tandis que *peuple* qualifie plutôt les Africains noirs. Dans votre texte, traitez l'Afrique comme si elle ne formait qu'un seul pays. Une ambiance chaude et poussiéreuse, savane à perte de vue et immenses troupeaux d'animaux, sans oublier des personnes de haute taille, maigres et affamées ; ou bien une atmosphère chaude et humide, avec des gens très petits qui mangent du singe. Ne vous encombrez pas de descriptions précises. L'Afrique est gigantesque : cinquante-quatre pays, neuf cents millions d'habitants trop occupés à mourir de faim, à faire la guerre ou à émigrer pour lire votre bouquin. Le continent est truffé de déserts, de jungles, de hauts plateaux, de savanes et de bien d'autres choses encore, mais votre lecteur n'en a cure, donc cantonnez-vous à des descriptions romantiques, évocatrices et vagues […] N'oubliez surtout pas de montrer que les Africains ont le rythme dans la peau et la musique dans l'âme, et qu'ils se nourrissent de choses immangeables. Ne parlez ni de riz, ni de bœuf, ni de céréales ; la cervelle de singe est un plat africain de choix, de même que le bouc, le serpent, les vers, les chenilles… Profitez-en pour préciser que vous-même consommez cette nourriture sans dégoût et décrivez dans quelles circonstances vous avez appris à la savourer – parce que vous vous sentez concerné par l'Afrique[62]…»

Max Roy, dans *Du titre littéraire et de ses effets de lecture*, s'interroge :

> « Qui ne connaît pas certains titres d'œuvres qu'il n'a pas lues mais dont il sait ou soupçonne l'importance ? Tout lecteur, pourtant, apprend tôt ou tard à se méfier des titres de livres. Ils sont imparfaits, trompeurs ou manipulateurs. Qui n'aura pas éprouvé quelque surprise ou déception à la lecture d'un ouvrage au titre invitant[63] ? »

Ces interrogations pourraient aussi être formulées quant à l'image apposée sur la couverture d'un ouvrage publié par un auteur africain. Quand bien même on venait à la changer, cela ne lui éviterait guère le pire puisque ces changements, justifiés par l'air ou la bonne conscience du temps, ne gomment pas forcément les préjugés de l'illustration précédente mais réactualisent le poncif, le mettent au goût du jour. C'est le cas de la couverture de *L'Enfant noir* de Camara Laye qui, en 1953, était pratiquement neutre, avec simplement le titre gravé en blanc sur un fond noir. Plus tard, en 2007, lorsqu'on me confiera la charge d'en préfacer la réédition en grand format, l'éditeur reviendra à une suggestion plus « africaine » : un gamin noir en mouvement, pieds nus sur une route poussiéreuse, avec un cerceau, un bâton à la main, la chemise ouverte par le vent. La flore est bien là, parce qu'il faut bien que le lecteur se retrouve dans le continent d'un seul coup d'œil et qu'il s'imagine en quelques secondes ce qu'est la vie de ce bambin proposé par l'iconographie et qui sera, dans la tête du lecteur, le narrateur qui ouvre l'autobiographie :

« J'étais enfant et je jouais près de la case de mon père. Quel âge avais-je en ce temps-là ? Je ne me rappelle pas exactement. Je devais être très jeune encore : cinq ans, six ans peut-être. Ma mère était dans l'atelier, près de mon père, et leurs voix me parvenaient, rassurantes, tranquilles, mêlées à celles des clients de la forge et au bruit de l'enclume. Brusquement j'avais interrompu de jouer, l'attention, toute mon attention, captée par un serpent qui rampait autour de la case, qui vraiment paraissait se promener autour de la case ; et je m'étais bientôt approché... »

Le décor est donc planté. Et il semble se rattacher à la promesse de la couverture, différente de celle de la version originale du livre ou d'autres versions que l'on retrouve en poche et qui privilégient plutôt la candeur, l'innocence de cette enfance soit par un air grave, soit par un sourire dont l'éclat ne peut que nous pousser à ouvrir les premières pages et à tomber sur la reptation de ce serpent noir, symbole d'une cosmogonie bien marquée où le règne animal et l'espèce humaine se fondent, se complètent pour mieux être en harmonie avec les ancêtres, ceux-là qui ne sont jamais partis, ceux-là qui rôderaient autour de nous, nous protégeraient ou nous puniraient lorsque nous nous écarterions des règles élémentaires de la vie en communauté...

Huit leçons sur l'Afrique

Les couvertures typées résistent encore à notre époque, et il arrive que certains éditeurs, piochant sans doute dans la même banque de données iconographiques, retiennent la même représentation, comme nous pouvons le voir avec *The Memory of Love*, le roman d'Aminata Forna, Britannique d'origine sierra-léonaise, et *Aminata*, le roman du Canadien Lawrence Hill. Les deux livres reprennent en effet l'image de la même femme – ce photographe a dû s'enrichir –, et ce qui les différencie c'est la direction vers laquelle regarde le personnage féminin africain mis en avant. C'est encore cette image que choisiront les éditions Présence Africaine pour la publication d'*Aminata* en traduction française, cette dernière maison ayant rajouté deux balafres à peine discrètes sur le visage du personnage afin d'accentuer son africanité…

Comment expliquer une telle attitude ? *Le Courrier International* a repris il y a deux ans un article paru sur le site *Africa is a Country* et intitulé *Littérature africaine : des couvertures de livres bien trop cliché*. L'article rappelait, exemples à l'appui, comment les couvertures de la littérature africaine ne pouvaient se passer de symboles attendus par le public américain : un acacia, un soleil couchant sur la savane ou encore une femme voilée, en ce qui concerne la production venant du Maghreb.

Interrogé à ce sujet, Peter Mendelsun, le directeur artistique chez l'un des plus grands et prestigieux éditeurs américains, Knopf, mit cela sur le compte de la paresse du milieu éditorial américain qui, sur l'Afrique, préfère appliquer ce qui assurerait le succès et serait attendu par le public :

« Au moment où le manuscrit est prêt à être produit, il y a une très forte tentation de suivre un chemin qui a déjà été foulé. Si quelqu'un essaie quelque chose de différent, et que le livre ne se vend pas, vous savez qui blâmer : le gars qui n'a pas mis l'acacia sur la couverture. »

C'est ainsi qu'en 2006, lors de la parution en Amérique du roman *Half of a Yellow Sun* (*L'Autre Moitié du soleil*) de la Nigériane Chimamanda Ngozie Adichie, l'auteure avait, elle aussi, eu droit à son acacia sur la couverture ! L'arbre en question fut évité par l'éditeur français de Chimamanda Ngozie Adichie, Gallimard, qui avait sagement opté pour une couverture plus neutre : un clair-obscur très contrasté, avec une ouverture sur un soleil caché comme pendant une éclipse.

Pour *Demain j'aurai vingt ans*, mon roman paru en 2010 chez Gallimard dans la collection Blanche – donc sans un signe « typé » –, au moment du passage de l'ouvrage en poche chez Folio je souhaitais une image plus ancrée dans la vie des individus, et j'avais songé à celle du grand photographe du Congo-Kinshasa, Jean Depara, connu pour avoir immortalisé les nuits de Léopoldville (l'actuel Kinshasa) au moment des indépendances. C'était une photographie d'un couple qui s'embrassait, une posture qui n'était pas répandue durant notre enfance – je n'ai jamais vu mes propres parents se livrer à un tel « sacrilège », l'amour devant s'exprimer en cachette, dans une pièce bien sombre, après avoir pris la précaution d'éloigner les enfants en les laissant chez la tante ou la grand-mère qui n'était pas dupe et pouvait imaginer ce qui allait se tramer. Cette image collait donc à la personnalité de mes parents que je décris longuement dans le roman. Mais ce n'était pas celle-ci qui allait symboliser ce livre de souvenirs narré par mon double âgé de dix ans, Michel. À la décharge des éditions Gallimard, qui étaient d'accord pour mon choix, il nous était difficile à ce moment-là de retrouver qui détenait les droits de reproduction du baiser de Jean Depara. Nous nous étions donc contentés de cette image qui montre une scène d'enfants courant en toute liberté au Congo-Brazzaville, devant un établissement public... mais tout de même avec un arbre en arrière-plan!

Dans le même esprit, je tenais à ce que la couverture en poche de mon roman *Verre cassé* (2005) ne représente pas forcément le bar crasseux dans lequel gravitent mes personnages. Le choix opéré par le service iconographique des éditions Points m'avait satisfait : un bar plutôt soigné, et même trop soigné et qui ne représente pas une région déterminée. Cela laissait au lecteur le soin de reconstituer dans son imaginaire cet établissement congolais qui pourrait bien être d'ici ou d'ailleurs, de la Turquie ou de la Guinée-Bissau, d'Ajaccio, de Saint-Jean-d'Angély, de Cergy-Pontoise ou de Tokyo – en forçant un peu les choses, bien entendu.

Évidemment, je regrette encore le choix opéré pour un autre roman, *Les Petits-Fils nègres de Vercingétorix* (2003) paru à l'époque aux éditions Le Serpent à plumes. La couverture me paraissait plutôt accréditer un exotisme qui n'avait rien à voir avec mon récit sur les différentes guerres civiles que le Congo-Brazzaville a connues dans les années 1990. J'avais eu droit à mes sagaies et à une guerrière Massaï aux épaules nues. Ce qui était loin, très loin de l'univers congolais de cette fiction. Ma seule consolation était de me dire que c'était un roman, et qu'avec le roman tout était possible : les Congolais pouvaient être des Massaï, et les Massaï des Congolais...

Des collections dédiées à la littérature africaine

Les éditions Hatier avaient créé une collection intitulée « Monde noir » – dirigée par Jacques Chevrier –, les éditions Actes Sud, une série baptisée « Suites africaines », dirigée par Bernard Magnier, et les Éditions Gallimard ont lancé en 2000 la collection « Continents noirs » dirigée par le romancier Jean-Noël Schifano – sans doute la collection africaine la plus connue et qui aura le plus soulevé une vague de critiques. La plupart des Africains publiés sous le label « Continents noirs » rêvent d'entrer dans la collection « Blanche » de la maison. Cette « ascension » s'est concrétisée par exemple à travers des écrivains comme la Mauricienne Ananda Devi qui, après plusieurs romans dans « Continents noirs », entra enfin dans la Blanche, mais en conservant comme éditeur le directeur de la collection africaine. Même situation pour la Rwandaise Scholastique Mukasonga qui, ayant jusqu'alors porté le drapeau de Continents noirs, mérita enfin son entrée dans la collection Blanche après son prix Renaudot.

La Mauricienne Natacha Appanah, elle, changea d'éditeur pour se retrouver d'abord chez L'Olivier, puis revint chez Gallimard dans la Blanche pendant que le Camerounais Gaston-Paul Effa plia bagage vers d'autres aventures, avant de revenir dans la même collection !

Le Togolais Sami Tchak, un des premiers auteurs de la collection, est allé au Mercure de France où il a publié plusieurs romans avant d'intégrer le catalogue des éditions Jean-Claude Lattès…

L'ampleur de la polémique sur les collections africaines

Le journaliste de *Libération* Édouard Launet racontait en 2006 le tumulte que causa la présentation de la rentrée littéraire de quelques-uns des auteurs de la collection « Continents noirs » :

> « Jean-Noël Schifano [directeur de la collection] parle, traçant dans l'éther les contours d'un continent de légende. On se croirait au bord du fleuve Niger un jour de crue. Jusqu'à ce qu'un impoli l'interpelle : dites donc, votre collection pour écrivains d'Afrique noire, ça ne tomberait pas un peu dans le travers du communautarisme ? Et la typo des bouquins, pourquoi est-elle si moche (du Futura Book, un caractère bâton effectivement pas terrible) ? Suit un bref silence. Puis le flot Schifano repart, plus vif : mais non vous n'y êtes pas du tout, regardez, "Continents noirs" c'est au pluriel, la preuve que nous ne sommes pas dans la

géographie mais dans l'écriture, dans quelque chose qu'on pourrait appeler le "baroque existentiel", de toute façon il y en a marre de ce procès permanent du ghetto. Fin de l'incident ? Non, début. Boniface Mongo-Mboussa, auteur de *Désir d'Afrique* [publié dans ladite collection], s'en prend à l'importun : Votre inculture est sidérante car des collections africaines, il s'en est déjà créé plusieurs, voyez "Les Afriques" (Karthala), "Monde noir" (Hatier), alors pourquoi s'en prendre à celle-ci ? Parce que Schifano est un italianiste plus qu'un spécialiste de l'Afrique ? Un autre auteur de "Continents noirs" monte au front : ce débat, c'est une diversion permanente, lassante, ça empêche de parler du fond des bouquins. Et quand bien même la géographie s'en mêlerait, lance un troisième, il y a des précédents très honorables : la collection "Croix du Sud" de Roger Caillois, chez Gallimard aussi, fer de lance des littératures sud-américaines, n'a-t-elle pas révélé Borgès ? Le ton monte, Boniface Mongo-Mboussa part en claquant la porte. Dans un coin, Antoine Gallimard écoute sans mot dire. Schifano tente de calmer le jeu : chez Gallimard il n'y a pas de frontières, plaide-t-il, «vous pouvez très bien être dans "Continents noirs" et puis rentrer dans la "Blanche". Là, quelques gloussements nerveux au fond de la salle. Est-ce au rayon Freud qu'il faut chercher les raisons de ce psychodrame ? La maison d'édition qui a pour figure de proue la collection "Blanche" de la NRF pouvait-elle délimiter en son sein un "espace noir" sans ouvrir la boîte à lapsus[64] ? »

Huit leçons sur l'Afrique

Quelques points à souligner dans ces réponses. La collection Croix du Sud créée par Roger Caillois après son retour d'Argentine après-guerre était une collection qui publiait entre 1952 et 1970 de la littérature étrangère – dans le sens de celle qui était écrite non pas en français, mais en espagnol. L'intention de cette collection de Caillois est bien indiquée, et elle se trouve encore sur le site de l'éditeur français : « Prendront place [dans la collection Croix du Sud] les œuvres les plus diverses ; chefs-d'œuvre littéraires d'abord, il va de soi, mais aussi des ouvrages critiques ou sociologiques – dont certains sont déjà classiques – les mieux faits pour rendre compte de la formation, et du mode de développement des groupes humains et des valeurs humaines dans un continent encore neuf, à peine dominé, où la lutte avec l'espace et avec la nature demeure sévère – qui possède un style de vie particulier, et auquel d'inépuisables ressources permettent un rôle de premier plan dans l'histoire prochaine. »

Peut-on alors affirmer qu'à la fin des années 1990 et du début des années 2000 l'Afrique, pour les Français, était « un continent encore neuf » ? La collection Croix du Sud n'était pas forcément le seul espace de découverte de ces littératures latino-américaines, car que dire des auteurs comme Gabriel García Márquez dont on publia avec succès *Cent ans de solitude* aux éditions du Seuil ?

Enfin, il faudrait créditer à la maison d'édition le bénéfice de la bonne foi même si, aux yeux du public, une collection dédiée à l'Afrique diffuserait l'idée de paliers, d'étages que devraient franchir les écrivains avant d'être pleinement reconnus. Comme si ces auteurs étaient tenus

De l'édition de la littérature africaine en France

au préalable de passer par un contrat d'essai qui, s'il était concluant (par la vente de livres ou l'obtention d'un des grands prix de la rentrée littéraire), gratifierait les heureux élus de la publication ultérieure de leurs livres dans la grande collection de la littérature française, la Blanche, afin de côtoyer les autres auteurs de la nouvelle génération des lettres françaises...

Contrairement à ce qu'on pourrait penser, les lettres africaines d'expression française n'étaient pas autrefois regroupées dans des collections. Elles étaient publiées par Présence Africaine et, pour une grande partie, par les plus grands éditeurs parisiens qui n'avaient aucune collection particulière et inscrivaient ces parutions dans leur catalogue général, aux côtés d'autres écrivains français avec qui ils avaient en partage la langue française. C'est ainsi que les romans qui ont fondé la littérature d'Afrique noire étaient édités chez Plon (*L'Enfant noir* de Camara Laye), chez Julliard (*L'Aventure ambiguë* de Cheikh Hamidou Kane ; *Une vie de boy* et *Chemin d'Europe* de Ferdinand Oyono), chez Stock (*Un piège sans fin* d'Olympe Bhêly-Quenum), au Seuil (*Chants d'ombres* de Léopold Sédar Senghor ; *Le Devoir de violence* de Yambo Ouologuem ; *Les Soleils des Indépendances* de Kourouma ; *Les Crapauds-Brousse* de Tierno Monenembo), aux Presses de la Cité (*Les Bouts de bois de Dieu* d'Ousmane Sembène), chez Seghers (*Climbié* de Bernard Dadié), etc.

La création des collections pourrait porter à confusion, dérouter le lectorat sur la langue d'écriture de l'auteur, et je terminerai cette leçon dans ce sens en racontant comment j'avais dû faire face à cette ambiguïté il y a maintenant plus de deux décennies dans ce que je qualifie désormais de «parabole du vieux qui ne lisait plus que les romans africains»…

*La parabole du vieux qui ne lisait plus
que les romans africains*

C'était en 1998. Je me retrouvais dans un petit village français pour une signature de mon premier roman, *Bleu Blanc Rouge*, qui venait de paraître aux éditions Présence Africaine. La bourgade comptait à peine six ou sept cents habitants. Un honnête homme – il devait avoir quatre-vingts ans – m'observait de loin depuis un moment. Il se rapprocha enfin de la pile de mes livres, se saisit de mon roman, le reposa après avoir tourné les deux premières pages et me demanda :

— Pourquoi donc, Monsieur, votre éditeur n'a pas mentionné le nom de votre traducteur?

Et c'était pour moi l'occasion d'échanger avec lui, de lui expliquer que j'écrivais en français parce que cette langue, je l'ai trouvée chez moi, en parfait état, riche, imagée et étincelante. Que, comme les langues africaines, le français circulait dans les quartiers, dans les bars. Qu'on l'entendait dans la bouche des soûlards qui déliraient jusqu'à l'aube, dans celle du croque-mort ou du prêtre noir qui ne ratait pas une opportunité de placer ses subjonctifs imparfaits durant l'oraison funèbre, toujours en français. Que j'écrivais en français parce que c'était avec cette langue que j'avais découvert les mots. Que c'était avec le français que je m'étais rendu compte que la parole, la pensée, l'imaginaire pouvaient être marqués. Que l'émotion n'habitait pas que la voix, mais aussi une page peuplée de signes. Que j'écrivais en français parce que c'était en français que j'avais pour la première fois lu et commencé à voyager à travers ces lectures... Que je qualifiais ma relation avec le français d'adoption simple (mes liens avec les langues africaines n'étaient jamais rompus, à la différence de l'adoption plénière qui aurait alors impliqué de tout gommer de ma propre culture, d'intégrer complètement la famille de l'adoptant, c'est-à-dire la langue française). Que je ne renierai jamais l'influence de ces langues africaines et que c'était sans doute pour cela que j'avais un accent, même dans mes livres! Que d'ailleurs, j'ignorais dans quelle langue je rêvais, encore moins dans laquelle je pensais. Que je me contentais simplement de rêver, de penser... et de mettre les paroles par la suite. Que je créais d'abord et donnais ensuite une langue, ma propre langue française qui vit grâce à mon souffle. Un peu comme dans les légendes que me contait ma mère : les personnages étaient des colosses qui ne parlaient pas, et puis on soufflait dans leurs narines, et la parole naissait. Dans quelle langue parlaient ces colosses? Ma mère n'avait jamais répondu à cette question... Au fond, il y avait une fusion permanente entre les sonorités de mes langues africaines et le français, une sorte de grondement de langues, et il arrivait que celles de mon Afrique natale viennent au secours du français qui me servait d'instrument de création lorsque, cherchant dans le dictionnaire, je constatais avec amertume que je ne pouvais pas écrire comme je l'aurais souhaité. Était-ce à cet instant précis que commençait pour moi l'invention d'une autre langue française?... Je gardais plutôt le souvenir d'un apprentissage pénible de cette langue. Je trouvais ennuyeux la rédaction. Je redoutais la dictée et, pour couronner le tout, j'exécrais la grammaire! Pour un participe passé mal accordé, l'instituteur nous enroulait le symbole autour du cou. Le symbole? Oui, c'était la même punition qu'on retrouvait dans *Climbié* de Bernard Dadié. Au Congo, c'était un gros morceau de viande pourrie qu'on vous faisait porter autour du cou. Et le pauvre élève coupable d'une faute de français trimballait ainsi le symbole toute la journée, dans la cour, devant les camarades d'école. Ces difficultés m'avaient rapproché encore plus de cette langue. Je lui expliquais que la France n'avait pas le monopole du français depuis longtemps. Que cette langue était aussi mienne, comme le lingala, comme le kikongo ou le bembé. Que la langue française se baladait, habitait les maisons en terre battue des quartiers les plus populaires de ma contrée, qu'elle somnolait au pied des manguiers, ravitaillait les disputes dans les marchés et que, finalement, j'écrivais en français parce qu'il fallait bien que j'écrive dans une langue!...

La fin de l'histoire? Eh bien, jusqu'à sa mort, ce brave type ne lisait plus que de la littérature africaine d'expression française…

CINQUIÈME LEÇON

Littérature nationale et démagogie politique
(19 avril 2016)

Le terme de « littérature nationale », couve une contradiction : la littérature, qui est censée dépasser le cadre géographique, l'étroitesse du regroupement, et la nation qui, elle, désigne un groupe humain d'une même origine et ayant en commun une langue, une histoire, une religion, une culture, et même une origine ethnique qui le différencient d'une autre nation. Et lorsqu'on étend cette notion de nation sur le plan sociologique, sa définition recommande l'existence d'un désir de « vivre ensemble », selon l'acception d'Ernest Renan, et cette dernière définition nous ayant entraîné ces temps-ci dans des débats sur la question de « l'identité nationale » ou de « langue nationale », question aujourd'hui désuète comme nous le rappelle par exemple Manfred Gsteiger au sujet de la Suisse, ce qui pourrait s'appliquer aux lettres africaines :

« Le concept, lié à la notion de "langue nationale", apparaît vers la fin du xviiie siècle et désigne en général une littérature écrite dans une même langue et véhiculant une "identité nationale" connotée positivement. Il a été illustré notamment par Johann Gottfried Herder et le romantisme allemand. Au critère en lui-même fort contestable d'une seule "langue nationale", on a presque toujours, et à différents degrés, mêlé des éléments ethniques, psychologiques et surtout politiques. Si la question des liens entre littérature et nation reste d'actualité, le terme de littérature nationale en tant que tel paraît quelque peu dépassé au début du XXIe siècle[65]. »

La « littérature nationale » est, disons-le, par essence très politique, voire démagogique, surtout lorsqu'il s'agit des auteurs venus de l'Afrique subsaharienne. En effet, parler des littératures nationales reviendrait alors à reprocher à ces écrivains le désaveu de leurs propres langues au profit de celles des anciens colonisateurs. Une littérature congolaise d'expression française ne saurait alors être qualifiée de « littérature nationale », puisque charriée dans une langue étrangère, le français, une langue qui, semble-t-il, ne pourrait supporter certains « codes » des réalités africaines. Il y a dans cette conception les traces d'une nostalgie des temps passés mâtinée d'un africanisme grégaire ne laissant pas aux auteurs la possibilité d'entendre le bruit du monde, le chaos des mutations nées de ce que le poète congolais Tchicaya U Tam'si qualifiait alors d'héritage « de bronze » :

> « Étant né à quelques kilomètres du bord de la mer, lieu d'échanges et de tous les parcours, je rencontre d'autres possibilités d'être, le colon et la civilisation occidentale. La rencontre même est tragique parce

Littérature nationale et démagogie politique

qu'elle vient comme une pression, une oppression. Je pourrais jeter le bébé avec l'eau sale du bain, mais il faut faire la part des choses. Parce que je n'ai pas eu "l'audace" de faire la circumnavigation, d'aller faire la conquête des autres mondes, puisqu'on m'apporte la conquête, je la transforme en ma propre conquête. L'histoire me condamne à avoir cette démarche-là. Donc il y a bien appropriation, transfiguration, fusion de ce qu'on m'apporte avec ce que j'ai en héritage. Je suis le bronze, l'alliage, et qui dit alliage dit métissage. Nous n'avons pas à nous présenter au monde comme les complexés qui font des emprunts d'une façon éhontée et prédatrice. Dans nos propres sociétés, dans notre culture, il y a tous les éléments qui peuvent fonder une modernité, notre présence dans le monde d'aujourd'hui[66]. »

Un tournant dans la littérature africaine

La « soif » de littératures nationales que l'on constate ces dernières années est en soi un renversement de situation pour les auteurs africains, et le critique béninois Guy Ossito Midiohouan a pointé du doigt la situation :

« Pendant longtemps et jusque dans les années 1970, toutes les productions littéraires des Africains noirs constituaient indifféremment le corpus de *La littérature négro-africaine*. Qu'il fût Camerounais, Congolais, Sénégalais ou Ivoirien, l'écrivain africain se reconnaissait dans *La Littérature négro-africaine*. [...] On pourra discuter de l'influence de la forêt sur le style, de celle de la savane sur la description ou encore de l'influence de "l'esprit national" sur l'écriture. Quoi que prétende une certaine critique, ce qui importe aujourd'hui ce n'est pas l'hypothétique fossé qui séparerait Mongo Béti d'Ousmane Sembène. Sénégalais ou Camerounais, l'écrivain négro-africain qui, hier, était aux prises avec le système colonial, ses injustices, ses mensonges et son aliénation, se trouve confronté aujourd'hui à l'ordre néo-colonial, ses aberrations, sa déraison, ses carcans. C'est sur ce terrain, et sur ce terrain seul, c'est dans ce seul cadre que son œuvre prend sa véritable signification. Les *nationalismes* et autres *nationalisations littéraires* ne sont que pure diversion, déjà dangereuse par nature, mais qui pourrait se révéler plus dangereuse encore lorsqu'on commencera à distinguer en Afrique les *nations littérairement supérieures* des *nations littérairement inférieures*, qu'on expliquera la vie littéraire au sein de tel État à partir de son *génie national* et qu'on cherchera les raisons de la léthargie de certaines contrées, non point où elles devraient être recherchées, mais dans quelque *faculté nationale spécifique*[67]. »

On promeut donc d'ordinaire l'idée d'une littérature nationale pour enfermer, cloisonner l'esprit à des fins démagogiques et politiciennes. Une littérature nationale serait ainsi une reconquête de son identité, un retour aux sources, un refus de la domination de l'Occident, bref un appel à une véritable conscience africaine, puisque c'est la somme des littératures nationales du continent qui constituerait du coup la « littérature africaine », la vraie. Pour

Littérature nationale et démagogie politique

parvenir à hâter cette reconquête, certains écrivains ont trouvé leur ennemie : la langue française. Ils contestent ainsi l'utilisation de cette langue comme langue d'écriture et taxent d'auteurs français ceux qui en tombent amoureux quand ils ne sont pas traités d'hypocrites, de vendus « qui écrivent pour les Blancs ».

L'écrivain camerounais Patrice Nganang recommanda même il y a quelques années « d'écrire sans la France ». Et ceux qui ne se plieraient pas à cette discipline salutaire seraient pointés du doigt, étiquetés comme des promoteurs de l'idéologie coloniale :

> « C'est que, écrire sans la France, c'est avant tout écrire par-delà la francophonie : c'est donc retrouver la mobilité latérale de nos aïeuls et de nos aînés qui de pays en pays, de terre en terre, et surtout de langue en langue se déplaçaient, sans profession de foi préliminaire, au gré de l'interlocuteur, au gré de la terre sur laquelle se posaient leurs pieds, et avec la même dextérité s'exprimaient en medumba et en bassa autant qu'en douala : bref, ne vivaient pas la multitude de leurs langues comme une damnation, tel que le veut un Gaston-Paul Effa, dans la lignée des argumentations purement coloniales, mais certainement comme une *évidence*[68]. »

Patrice Nganang se demande quelques lignes plus loin : « Verrons-nous bientôt venir ce jour où des écrivains africains cesseront vraiment d'être francophones ? »

Il est évident qu'il réclame une certaine couleur aux lettres africaines et l'orientation vers des littératures nationales. Et en Afrique, ces littératures ne pourraient exister qu'en barrant la route aux lettres occidentales perçues comme le tombeau de la conscience noire, le lieu de l'effacement de l'identité africaine.

Derrière une telle revendication se cache une cause prétendument militante, nuisible à une littérature libre et indépendante. Écrire en français empêcherait-t-il d'être vraiment un écrivain africain, congolais, sénégalais ou camerounais et de dire le monde ? L'argument principal de ceux qui demandent l'avènement des littératures nationales, c'est-à-dire, soyons précis, celles écrites en langues locales, est que le français serait entaché d'un vice rédhibitoire, insurmontable, j'allais dire inexcusable : *c'est la langue du colonisateur.* C'est une langue qui ne nous permettrait guère de nous exprimer avec authenticité. Or c'est au nom de l'authenticité que certaines nations du continent noir ont vu le destin de leur population sombrer dans la déliquescence. Selon les promoteurs de cette littérature de l'authenticité, la langue française véhiculerait des « codes » d'asservissement, des tournures impropres au phrasé africain que nous aurions tort de sous-estimer !

L'écrivain sénégalais Boubacar Boris Diop, par exemple, après plusieurs publications en français (chez Stock notamment), affirmait se tourner désormais vers l'écriture en ouolof pour être en phase avec lui-même. Et il expliqua sa démarche :

> « Le français – ou l'anglais – est une langue de cérémonie, et ses codes, à la fois grammaticaux et culturels,

ont quelque chose d'intimidant... Ce sont là autant de raisons qui amènent l'écrivain africain à douter du sens et de la finalité de sa pratique littéraire[69]. »

Boris Diop publiera donc en 2003 un roman en ouolof, *Doomi Golo* (*Le Fils du singe*), mais reviendra deux ans plus tard aux éditions Philippe Rey avec *L'Impossible Innocence* (2005), un roman écrit dans ce qui peut se faire de plus classique et de plus maîtrisé dans la langue française...

La situation s'avère encore plus compliquée lorsque c'est un éditeur français qui déploie ses propres finances pour rééditer le livre d'un auteur africain en Afrique. Ce fut le cas pour un des romans de Boubacar Boris Diop, *Le Cavalier et son ombre* (1997), publié à Paris chez Stock et réédité en poche en Afrique, en français. L'opération permettait ainsi de vendre le livre à un coût moins élevé pour le lectorat du continent noir.

De même, dans un autre espace linguistique, l'éditeur anglophone du Kényan Ngũgĩ Wa Thiong'o va jusqu'à assurer lui-même la publication de certains livres de cet auteur dans son pays, et dans sa langue natale! La langue du colonisateur vole ainsi au secours de la langue du colonisé! La littérature du colon vient à la rescousse d'une «littérature nationale». Naipaul, Rushdie, Zadie Smith, Walcott, Danticat sont-ils considérés comme étant «dans la lignée de l'idéologie coloniale» lorsqu'ils révèlent l'étendue de leur talent d'écrivains en langue anglaise? À moins que les partisans de l'authenticité considèrent – par une opération relevant du sophisme – que la langue anglaise n'est pas une langue venant d'une puissance coloniale !

Les écrivains « du dedans » et les écrivains « du dehors »

En réalité, l'idée d'une littérature nationale implique cette opposition dangereuse entre les écrivains africains du « dedans » et ceux « du dehors ». Quelle est la nation littéraire de Salman Rushdie, de Vladimir Nabokov ou du poète David Diop (1927-1960), né à Bordeaux, ayant vécu hors du continent mais considéré comme une voix puissante de la Négritude ?

L'auteur africain « du dehors », résidant en Europe, est généralement perçu comme un déconnecté de la réalité. On préjuge que, coupé des racines du continent, sa vision du monde est en quelque sorte faussée. Englué dans le système éditorial parisien, cet écrivain corrompu ne s'adresserait plus à ses « frères et sœurs », mais à son « public de raison » qui lui dicterait ce qu'il aurait à écrire : « des ouvrages formatés pour un public occidental », selon l'expression de la journaliste sénégalaise Nabo Sene[70].

À l'opposé, l'auteur africain du « dedans », résidant en Afrique, serait celui qui incarnerait l'authenticité, la pérennité des valeurs et des traditions. Son combat serait de refuser les chaînes d'une francophonie qui est la cause de tous ses maux. Il devrait regarder son passé, valoriser ses propres langues, « écrire sans la France », retrouver « la mobilité latérale de nos aïeux et de nos aînés », mobilité latérale si chère à Patrice Nganang au moment

Littérature nationale et démagogie politique

où nous espérons la situer sur le plan des échanges plus vastes, dans la lignée de la « pensée de bronze » du poète Tchicaya U Tam'si, chaque langue ayant toujours un grain à picorer dans une autre. Et même dans une prose aussi *achevée* que celle du Camerounais Gaston-Paul Effa ou du Tchadien Nimrod – qui résident tous les deux en France – vibre un bruissement de langues que seuls les sourds (ou ceux qui font semblant de l'être) ne peuvent entendre...

Littérature africaine en langues africaines ?

Faut-il une littérature « nationale », je veux dire une littérature écrite en langues africaines ? Bien sûr que oui lorsque ces langues africaines sont enseignées afin de permettre au public d'accéder à une autre littérature. Cependant, la plupart des écrivains francophones d'Afrique noire, s'ils parlent leur langue maternelle, sont loin de la maîtriser à l'écrit. Plusieurs de ces langues sont demeurées à l'état de l'oralité. Les politiques de ces pays doivent au préalable installer une réflexion autour de leurs langues. Or il faut déjà songer à une grammaire, la repenser, si elle existe, l'harmoniser, installer des académies, développer des dictionnaires, créer des journaux dans ces langues, bref préparer les esprits à passer du stade de l'oralité – à laquelle on réduit d'ordinaire l'Afrique – au stade de l'exigence de l'écriture et cesser de s'enorgueillir du rôle que joue le vieillard dans la transmission de la culture. Et il n'est pas interdit de traduire le livre d'un auteur africain d'expression française dans une langue africaine ! *Les Gardiens du temple*, de Cheikh Hamidou Kane, est un roman écrit en français, puis traduit plus tard en ouolof ! Il ne s'agit pas seulement d'écrire dans une langue africaine, encore faut-il préparer l'Africain à lire cette langue comme on prépare le Français, le Chinois ou le Russe à lire leur langue.

En définitive, étiqueter une littérature comme étant nationale reviendrait à consolider certains préjugés dans les thématiques que sont censés embrasser les auteurs africains. Il y aurait donc des «éléments inévitables» dans cette littérature-là. Un vocabulaire formaté, une truculence très attendue, de sorte que tout Africain devrait exhiber la couleur locale, j'allais dire la couleur d'origine. La même situation toucherait en fait tous les domaines de la culture : au cinéma il y aurait une couleur spécifique, nationale, voire africaine ; de même que dans la peinture, dans la sculpture, etc. L'écrivain national serait le greffier de sa nation, le gardien des us et des coutumes de celle-ci, et c'est indirectement une mission qui lui serait confiée, celle de dire son espace, rien que celui-là, et lorsqu'il s'écartera de cette mission, il sera le plus souvent taxé de Noir portant un masque blanc.

Nous donnons au monde ce qui nous entoure, ce que nous avons reçu. Nous sommes le produit de nos échanges, de nos déplacements. Créer c'est recomposer l'univers, lui donner (ou redonner) une géographie, une histoire, des langues. À l'heure où l'artiste est aussi mobile que l'œuvre qu'il crée, il n'est plus surprenant de constater un peu de terre de Cuba mélangée avec celle de l'Afrique du Sud ou d'une contrée de l'Amazonie. De même qu'un livre nous «dépayse», l'art porte en lui un pouvoir d'enchantement intemporel. Une photographie, un livre, une peinture, une sculpture reflètent ce que nous sommes, ce que nous devons savoir de l'Autre. L'art gomme les frontières et laisse à celui qui contemple une œuvre le soin d'y ajouter des légendes, la langue dans laquelle nous pensons devenant du coup une question subsidiaire. Ce qui importe c'est notre aptitude à entrer dans un univers, à nous l'approprier, à lire derrière chaque signe, derrière chaque couleur la transe du créateur, et cette transe est universelle…

SIXIÈME LEÇON

L'Afrique et la « France noire » face à leur histoire
(10 mai 2016)

En ce 10 mai, jour de commémoration des abolitions de l'esclavage en France métropolitaine, je voudrais revenir sur un livre que j'avais publié il y a quatre ans et qui subit encore une sorte d'injustice, *Le Sanglot de l'homme noir*.

Dès sa parution – et sans doute à cause du titre qui incitait d'emblée à la polémique –, le livre avait été interprété au-delà de ce que j'avais voulu exprimer. Mon discours avait le plus souvent été déformé, cité hors de son contexte, travesti sans voies de recours, j'allais même dire noirci ou blanchi selon les intérêts qui étaient en jeu.

J'ai même lu quelque part que je confirmais les thèses des Blancs patriotes, nostalgiques des colonies qui, désormais, s'écriaient :

« Vous voyez, même un nègre le dit ! En plus il le dit mieux que nous ! »

J'ai vu à ma plus grande stupéfaction des passages de ce livre cités sur des plates-formes des partis d'extrême droite ou des sites comme « Français de souche » tandis que sur *Slate Afrique*, un contributeur publiait un article intitulé « Alain Mabanckou écrit-il pour les Blancs ? ». D'entrée de jeu, ce contributeur lance :

> « Le problème avec les hommes qui disposent d'un talent exceptionnel est qu'ils se donnent parfois le droit de faire n'importe quoi. C'est ce que vient d'illustrer le lauréat du prestigieux prix Renaudot 2006. En un texte inégal et un peu énervé, l'écrivain congolais Alain Mabanckou livre dans *Le Sanglot de l'homme noir* (Fayard, 2012) sa vision de l'Afrique et des Africains émigrés, de la littérature africaine, et surtout de la nouvelle citoyenneté française à laquelle il revendique d'appartenir. Il dit çà et là des choses très justes, avant de s'égarer dans des logorrhées où il montre comment ce que l'Afrique a de plus brillant est souvent tenté par la facilité, la fuite, la fatuité […] Sauf qu'Alain Mabanckou avait autre chose à dire dans ce livre : une chose bien plus lourde, nettement plus discutable, et qui manifeste une régression de sa part. Il ne s'agit pas de la littérature. L'écrivain franco-congolais – on le considérera désormais ainsi – avait une mise au point à faire. Il est français, parce que ses parents l'avaient été – comme tout le monde et sans le vouloir – au Congo-Brazzaville avant l'Indépendance […] Qui imagine un Mongo Béti ou un Wole Soyinka, qui ont pourtant passé des décennies de leur vie dans leur "ancienne métropole", consacrer un livre de 180 pages à batailler avec le Français ou l'Anglais "de souche" pour le convaincre de sa stricte appartenance à la même patrie que lui[71] ? »

Bref, on aura compris que j'avais causé une déception irréversible à ce lecteur sociologue à qui, en toute courtoisie je dédie cette leçon.

En réponse, je commencerai par dire que *Le Sanglot de l'homme noir* doit être replacé dans le contexte d'un individu qui est né en Afrique noire, qui a grandi en Afrique noire, qui est devenu franco-congolais après plus de dix-sept ans en France et qui, aujourd'hui, vit et travaille aux États-Unis.

Le Sanglot de l'homme noir est donc un livre très personnel fondé sur la migration, la mienne ; l'expérience, la mienne ; l'observation, la mienne ; et ce livre n'a pas pour ambition de résoudre les antagonismes des communautés ou bien tous les problèmes de l'homme noir sur la planète, encore moins de ne traiter que de la confrontation du Noir et du Blanc. Cet essai est pour ainsi dire destiné aux Noirs d'Afrique vivant dans le continent noir ou qui, comme moi, se retrouvent hors de cet espace par le biais de la migration. Dans ce sens, je définis la formule «Sanglot de l'homme noir» comme la tendance qui pousse certains Africains à n'expliquer les malheurs du continent noir – tous ses malheurs – qu'à travers le prisme de la rencontre avec l'Europe, comme si la vengeance pouvait résorber les ignominies de l'Histoire et nous rendre la prétendue fierté que cette Europe inculpée aurait violée.

Il n'était pas question de nier la part de responsabilité de l'Europe quant à la situation actuelle du continent noir : il s'agissait pour moi de rappeler qu'une autocritique avait sa place afin d'illustrer combien nous autres Africains, pouvons également être considérés, de près ou de loin, comme les acteurs de notre propre perdition, de notre propre échec sans pour autant percevoir l'Autre comme l'unique et seul bouc émissaire.

Le Sanglot de l'homme noir est d'abord un livre adressé à mon fils aîné dont la mère est guadeloupéenne et qui n'a jamais mis les pieds en Afrique.

Le premier chapitre est une lettre dans laquelle je demande à ce fils, Boris Mabanckou, de se forger ses propres convictions sur l'Afrique, de s'éloigner des idéologies toutes faites et de ne pas s'imaginer que le nègre aurait été maudit depuis la nuit des temps, depuis l'épisode biblique de la malédiction de Cham. Je lui rappelle aussi sa réflexion aussi bien sur le passé, c'est vrai, mais aussi sur ses préoccupations quotidiennes car le salut de nègre n'est ni dans la pitié ni dans la commisération.

Le deuxième chapitre intitulé « Un nègre à Paris » évoque ma rencontre avec un Camerounais dans une salle de gym à Paris, et ce Camerounais, agent de sécurité, soutenait mordicus jusqu'au bout qu'il y avait des professions auxquelles le Noir n'accéderait jamais et que si j'étais devenu professeur aux États-Unis, je ne l'aurais pas été en France, les Américains étant plus ouverts.

La France noire

Le troisième chapitre, « L'esprit des lois », parle de la question de « la France noire », un terme qu'on utilise

L'Afrique et la « France noire » face à leur histoire

désormais et qui laisse penser qu'il existerait une communauté noire en France, et je voudrais m'étendre sur ce sujet. Comme je l'ai écrit dans ma préface de l'ouvrage collectif *La France noire* (2010)[72], à la lecture de l'article 1 de la Constitution de la République française on s'abstiendrait de parler d'une « France noire », la France étant « une République indivisible, laïque, démocratique et sociale » et, mieux encore, elle « assure l'égalité devant la loi de tous les citoyens sans distinction d'origine, de race ou de religion »... Mais voilà, il y a d'un côté les textes, et de l'autre la réalité qui saute de plus en plus aux yeux. Qu'on le veuille ou non, il y a une France noire composée de ceux qu'on qualifie de plus en plus de « Noirfrançais », et la patrie devrait composer avec eux, à moins de laisser installer le sentiment d'une hégémonie fondée sur une domination raciale qui, ailleurs, en 1963, poussa l'Africain américain James Baldwin à écrire son fameux essai au titre apocalyptique, *La prochaine fois, le feu*...

On pourrait prêcher l'indifférence, et donc tourner le dos à l'évolution de la société française en prenant comme bouclier les principes abstraits qui, à défaut d'être effectifs, nourrissent la bonne conscience de certains et font le bonheur des démagogues. Il suffit de prendre le métro parisien, de s'arrêter un instant aux stations Château Rouge et Château d'Eau ou de visiter certaines banlieues des grandes villes françaises pour que s'empare de nous la tentation de ranger dans un coin bon nombre de livres d'histoire ou de textes censés nous apprendre l'histoire de France, à nous autres qui sommes venus d'ailleurs ou qui sommes nés ici, de parents étrangers. Ces « Noirfrançais » sont des citoyens à part entière et, dans une certaine mesure, c'est même la définition de l'expression « Français moyen » qu'il faudrait désormais réviser car ces hommes et ces femmes écrivent ou réécrivent les pages de l'histoire de cette Nation avec des crayons de couleur.

En réalité, Européens et Africains, nous avons créé de toutes pièces cette autre France, parce que, sans doute, n'étions-nous pas préparés à ce qui jaillirait de la *rencontre*. D'ailleurs les Africains eux-mêmes ont souvent imaginé la France comme un pays de Blancs et, parallèlement, pour certains Français, parler de la France c'est parler d'un pays peuplé de Blancs. Parce que la France n'a pas été, comme les États-Unis d'Amérique, un territoire de peuplement avec une superposition « d'ethnies » bien compartimentées. Si outre-Atlantique la présence des Noirs s'expliquait entre autres par le commerce triangulaire, en France métropolitaine il n'en était pas ainsi. Nous avons traversé l'Histoire d'abord comme des « sauvages » et des « indigènes », puis des « tirailleurs » dans les guerres européennes avant de comprendre ce que voulait dire le Blanc lorsqu'il prononçait le mot *nègre*. Il nous fallait détourner ce mot, en faire une fierté – toujours comme les Africains américains –, et nous nous en sommes emparés pour lancer un des mouvements les plus marquants de la pensée noire, la *Négritude*.

Qu'y avait-il d'offensant dans le mot « Noir » ou « nègre » pour qu'on les remplaçât bien plus tard par le terme anglophone « Black » ? À chaque époque son vocabulaire et sa manière d'édulcorer les concepts. Les anglophones avaient eux aussi le terme *negro*, ou pire, *nigger*! Toujours est-il que d'autres qualifications allaient suivre pour nous désigner, et finalement questionner notre présence, douter de sa légitimité et de son opportunité en nous englobant dans un terme plus générique : nous étions tout simplement des *immigrés*, même lorsque nous n'avons connu qu'un seul territoire, la France !

Les Noirs de France ont une longue et sinueuse histoire. Leur présence est le résultat de multiples facteurs associant entre autres la stratégie politique du pays d'accueil pendant les périodes les plus sombres de son histoire, la quête des Africains d'une vie meilleure ou encore l'émergence d'une descendance qui n'a plus rien à voir avec le continent noir mais qui estime qu'on ne la reconnaît pas dans le pays où elle est née. La composition hétéroclite de la France noire m'a toujours conduit à réfuter l'existence d'une « communauté noire » française. Une telle communauté aurait nécessité une histoire commune, ou du moins une idée centrale qui, si elle était foulée par la République, donnerait au groupe le sentiment d'une marginalisation. Or qu'y a-t-il en partage, en dehors de la couleur de peau, entre un Noir en situation régulière, qui étudie à Sciences-Po ou un sans-papier et un Antillais de couleur qui, normalement, vient d'un département considéré comme une portion du territoire français ? Rien. En général ils ne se connaissent d'ailleurs pas et placent leurs rapports sur les vestiges des préjugés nés du monde occidental et qui ont justifié l'esclavage ou la colonisation. En France le Sénégalais et le Congolais sont des étrangers entre eux, ne parlant pas une langue commune venue d'Afrique mais le français. Et il en va ainsi de la plupart des Africains. Fiers d'être des sœurs et des frères noirs, fiers de venir du « berceau de l'humanité », d'un peuple qui a « beaucoup souffert », tout laisserait à penser qu'en France ils seraient dans une communauté très soudée. Grave erreur. Ils ne peuvent fonder leur lien sur l'Histoire de l'esclavage parce que la plupart des sociétés ont subi cette domination – faut-il rappeler d'ailleurs l'esclavage fait par des Noirs contre les Noirs ? La race noire ne pourrait donc revendiquer éternellement le funeste monopole de la victime. Pour que l'esclavage eût été le moteur d'une communauté en France, encore eût-il fallu que les Noirs aient pour la plupart échoué dans ce territoire par le biais de ce trafic. Ce qui n'est pas le cas. L'esclavage est une des raisons qui expliquent ce que les Noirs de France perçoivent comme le ciment de la communauté des Africains américains. Et on en arrive presque à envier ces « sœurs » et ces « frères » arrachés du continent noir. Or ces derniers n'ont pourtant pas un « territoire de repli », à la différence des Noirs de France. En cela j'entends que lorsqu'un Africain américain subit une injustice il ne peut se dire : « Tant pis, on ne veut pas de moi ici, je rentre dans mon pays d'origine ! » Le Noir de France peut le dire, et même exhiber le pays d'origine de ses parents comme une menace à une France sourde et indifférente à ses revendications. Ce pays de substitution est un des freins à l'émergence d'une autre France. En somme les Noirs de France sont en quelque sorte des *citoyens de l'alternative*. Si je ne suis pas accepté ici, je peux toujours aller là-bas, quitte à me perdre encore plus dans ma terre d'origine ou dans celle de mes parents. Nous souhaitons être admis dans un territoire tout en gardant dans notre inconscience – et même dans notre conscience – un territoire de substitution, un territoire mythique qui, en réalité, nous est étranger et ne nous attend pas. La grande interrogation est plus que jamais celle de la *citoyenneté, notre* citoyenneté dans le territoire d'adoption.

De l'esclavage et de la traite négrière

Le Sanglot de l'homme noir avait soulevé le tollé sans doute à cause du chapitre intitulé « Le Devoir de violence » où j'évoquais l'esclavage, sujet qui, entre Africains, demeure sensible jusqu'à nos jours. La consigne étant de ne pas en parler n'importe comment, n'importe quand, avec n'importe qui – ou alors, lorsqu'on en parle, il faut le faire dans une direction bien déterminée, en reprenant ce qui redonnerait la fierté à tel camp et condamnerait tel autre.

Là encore, je me fondais sur mon expérience de mon passage à Nantes où je vécus une année, et je rappelais que même si au cours du XIXe siècle la plupart des maires de cette ville furent des négriers, elle n'était pas la seule cité française à endosser cette sombre responsabilité. On pourrait également citer comme bastions de la traite atlantique les villes du Havre, de Bordeaux, de Saint-Malo ou de La Rochelle qui avaient activement pris part au commerce triangulaire. Mais ce n'est pas cela qui horripilait certains lecteurs africains. C'est l'évocation de la part de notre responsabilité dans cette tragédie. Or la participation de ces Africains qu'on appelait alors les « négriers noirs » n'est pas une invention pour consoler l'Europe et calmer le « sanglot de l'homme blanc ». Pendant ce trafic inhumain, les esclaves noirs étaient rassemblés, puis conduits vers les côtes par d'autres Noirs ou par des Arabes. C'est cette « ambiguïté » qui explique aujourd'hui le conflit larvé entre les Africains et les Antillais et, au-delà, les Africains-Américains. En général quelques-uns de ces « autres frères Noirs » nous accusent d'avoir collaboré à cette ignoble entreprise avec la complicité de certains chefs de tribus.

Pour autant, il ne s'agit pas de dire que les Africains, tous les Africains étaient des négriers ! Loin de là. Mais lorsqu'on retrace l'histoire, il est utile de ne négliger aucun fait et il est évident que chaque tragédie, esclavage, génocide ou chaque système de domination – comme la colonisation – compte son lot de complices, qu'ils soient appelés négriers noirs ou collabos.

Si j'évoquais notre part de responsabilité, c'est parce que j'avais eu un des accrochages les plus dangereux de ma vie avec un Noir américain. Et c'est cet Africain américain qui m'inspira dans ma démarche.

Revenons à cet accrochage.

J'habitais en ce temps-là dans la ville d'Ann Arbor (Michigan) et je me rendais en voiture à Washington avec deux amis, un métis franco-américain et un Africain-Américain. Le premier, Pierre, préparait une thèse de

L'Afrique et la « France noire » face à leur histoire

littérature sur l'œuvre de l'écrivain d'origine haïtienne Dany Laferrière. Son père, un Africain-Américain, avait participé au débarquement de Normandie. Sa mère était une Française. Pierre avait vécu pendant un moment en France avant de rejoindre son père aux États-Unis. Nourri d'une double culture qu'il assumait avec fierté, c'était un garçon plutôt tranquille, sympathique et qui tenait des propos équilibrés sur « la question raciale ». Chez les Noirs il était vu comme un Blanc, et chez les Blancs on le prenait pour un Noir. Ce n'était pas pour autant une situation choquante, c'était « le statut » du métis, me disait-il avec un sourire malicieux. C'est lui qui m'avait présenté à Tim, un Africain-Américain qui travaillait au service de ramassage des ordures de la ville d'Ann Arbor. À l'opposé de Pierre, Tim était très préoccupé par la condition des Noirs aux États-Unis et ne laissait rien passer lorsqu'on touchait à ce qu'il considérait comme « la cause suprême ». Je me retrouvais donc entre deux « types » de descendants d'Africains, deux exemples de ce que la diaspora avait donnés : un croisement entre le Blanc et l'Africain-Américain, et un descendant des esclaves africains échoués en Amérique par le biais de la traite négrière. Au milieu, j'incarnais presque leurs « racines », l'Afrique « profonde », le Noir qui n'avait pas connu l'esclavage. Nous habitions dans le même quartier, et il arrivait que Pierre et moi allions regarder un match de football américain à la télé chez Tim. Ce dernier débordait de gentillesse, m'appelait « Mandingo » en plaisantant. Je mettais cette plaisanterie sur le compte de sa conception mythique de l'Afrique, car il m'avait confié que le peuple mandingue était son obsession. L'image qu'il avait de l'Afrique contemporaine était toutefois très négative. Il parlait de barbarie, de famine, de guerres civiles et de dictatures. Bref, tout ce que les médias rapportaient. N'ayant jamais mis les pieds sur le continent noir, il s'imaginait que nous vivions encore dans des cases en terre battue et subsistions grâce à la chasse et la cueillette. D'où l'emploi de ce terme « Mandingo » à double sens. Son obsession pour les Mandingues était sans doute due essentiellement au livre *Racines* d'Alex Haley[73], mais surtout au film éponyme qui a connu un succès mondial et réveillé l'orgueil des Africains, en particulier ceux qui réclament des comptes au monde occidental au sujet de l'esclavage depuis des décennies.

L'auteur africain-américain s'était rendu en Gambie, « le pays de ses ancêtres », pour comprendre ses origines. Dans un petit village, il fit la connaissance d'un griot qui lui raconta sa généalogie et la geste de sa lignée jusqu'à ce personnage de Kunta Kinté, vieux Mandingue qui fut capturé par les Blancs en allant chercher du bois pour confectionner un tambour. Échoué en Virginie après de longs mois d'une traversée au cours de laquelle plusieurs Noirs périrent en haute mer, Kunta Kinté sera le point de départ d'une lignée d'esclaves au destin tragique, mais décidés à inscrire leur histoire sur la terre américaine.

M'appeler « Mandingo » était pour Tim une façon de me ramener subrepticement à ma barbarie, celle qui, évidemment, avait poussé certains de mes ancêtres moins

L'Afrique et la « France noire » face à leur histoire

courageux et dignes que Kunta Kinté à commettre l'irréparable : vendre leurs propres frères au Blanc.

À Washington, nous avions loué des chambres dans un petit hôtel du centre-ville afin d'assister au mariage du frère de Pierre. Il était né bien avant ce dernier, de la rencontre du père avec une Africaine-Américaine. Ailleurs on aurait parlé de demi-frère, mais Pierre préférait l'appeler tout simplement « mon frère ».

— C'est comme ça en Afrique, insistait-il.

En attendant le mariage qui aurait lieu le lendemain, nous avions décidé d'aller faire la fête au Zanzibar, une boîte de nuit africaine. Tim avait déjà bu quelques verres de whisky dans sa chambre. C'est lui qui avait souhaité qu'on aille « danser africain » pour qu'il retrouve ses racines.

— Quand j'écoute la musique africaine, c'est comme si je retournais chez moi ! Ce soir je veux retourner chez moi !

Dans la voiture il s'assit à côté de Pierre qui conduisait, tandis que je prenais place à l'arrière. Au milieu du chemin, alors que j'étais persuadé qu'il dormait puisque son menton était collé à sa poitrine, l'Africain-Américain se redressa brusquement et commença à délirer :

— C'est de la merde l'Afrique !

J'éclatai de rire, mais très vite ses blagues se changèrent en attaque contre moi :

— Mandingo, c'est bien de sortir de ta brousse africaine, non ? Tu es content de rouler dans une voiture américaine et de travailler dans une université de mon pays, hein ?

Comme je ne lui répondais pas, il éleva la voix :

— C'est à toi que je parle, Mandingo ! Tu peux au moins répondre à un fils d'esclave ou bien ton rang de chef de tribu africaine te l'interdit ?

Pierre essaya de le calmer, mais Tim était subitement hors de lui :

— Non, ce Mandingo, il faut qu'il me réponde ! Il me doit des explications, et j'en ai marre de me taire !

— Tim, allons, tu ne trouves pas que tu commences à pousser le bouchon un peu loin ? fit Pierre en ralentissant l'allure de la voiture.

— Non, ce Mandingo, il vient dans mon pays, on lui donne un bon boulot dans une grande université, et moi je fais un job de merde comme à l'époque de l'esclavage ! Lui et ses ancêtres ils m'ont vendu aux Blancs, et c'est à cause de lui que je ne suis qu'une punaise en Amérique ! S'il ne m'avait pas vendu je serais resté en Afrique, même pauvre j'aurais au moins été libre ! Je vais le tuer ! Je te jure, Pierre, je vais le tuer !

Pierre et moi ne savions plus quelle attitude adopter. Tim avait maintenant les yeux rouges de colère, et le regard qu'il me lançait trahissait une haine qui semblait venir de très loin.

Je demandai à Pierre de s'arrêter pour que je sorte de la voiture, mais cette proposition jeta de l'huile sur le feu. Tim s'époumona :

— Tu ne sortiras pas de cette voiture, je dois te tuer !

Il se retourna vers moi et, en une fraction de seconde, je vis ses longs bras se tendre vers mon cou. Je reculai pendant que la voiture zigzaguait.

L'Afrique et la « France noire » face à leur histoire

Pierre se gara sur la bande d'arrêt d'urgence et je bondis. Puis Pierre redémarra tandis que Tim hurlait de rage.

— Je vais te buter, sale Africain !

Un taxi me ramena à l'hôtel. Dans ma chambre, je rangeai mes affaires et cherchai un autre hôtel dans les parages. Au petit matin, Pierre me raconta par téléphone la fin de la soirée. De retour du Zanzibar, Tim était allé frapper à plusieurs reprises à la porte de ma première chambre. Pierre lui avait demandé d'aller me présenter ses excuses. Mais auparavant, il avait parlé d'utiliser une arme à feu pour m'abattre !

Le jour du mariage, j'aperçus Tim dans la foule. Il m'évitait du regard. Il semblait très gêné et ne savait quelle attitude adopter à mon égard. Pierre intervint pour que nous fassions la paix.

Une fois de retour à Ann Arbor, Tim me présenta longuement ses excuses. Il ne savait pas ce qui lui avait pris ce soir-là, il affirmait qu'il avait été la proie de mauvais esprits. J'acceptai ses excuses, sachant néanmoins que nos rapports ne seraient plus jamais les mêmes. Je resterai à ses yeux celui qui avait participé à la vente de ses ancêtres...

Lorsque Yambo Ouologuem publia *Le Devoir de violence*[74] en 1968, le couperet ne tarda pas à tomber. Dans cette fiction historique, à travers la geste des Saïfs régnant sur l'empire Nakem, l'auteur rappelle comment l'esclavage de l'Afrique par les Arabes et la colonisation par les « Notables africains » existaient déjà avant l'arrivée des Européens. La colonisation et l'esclavage n'étaient donc pas des « inventions » extérieures à l'Afrique, apparues sur le continent en même temps que le « visage pâle ». Dès la préface de son livre, Ouologuem brise le tabou en des termes on ne peut plus clairs :

> « C'est le sort des Nègres d'avoir été baptisés dans le supplice : par le colonialisme des Notables africains, puis par la conquête arabe. La promenade des Nègres va de la fresque à la chronique (1202-1900), puis au romanesque contemporain et au drame souvent dérisoire des Fils de la Nuit. Les Blancs ont joué le jeu des Notables africains... »

Enfin, dans *Le Sanglot de l'homme noir* d'autres questions sont abordées et ont été occultées par la polémique sur l'esclavage et la traite négrière : immigration, identité, langue française, intolérance, etc.

Ma démarche a été, tout au long de ce livre, de rechercher ce qui pourrait redéfinir nos rapports, ce qui pourrait nous rapprocher et fonder le vivre ensemble quelle que soit notre couleur. S'accepter tels que nous sommes et combattre les idées fallacieuses et rétrogrades qui pourraient nous éloigner les uns des autres. Le monde de demain, nous l'avons répété ici, est un monde d'échanges et de courtoisie. C'est dans cet esprit que j'ai organisé le colloque du 2 mai dernier « Penser et écrire l'Afrique noire aujourd'hui[75] », convoquant celles et ceux qui sont les artisans de la reconquête de notre humanisme. Et ces femmes et ces hommes, écrivains, historiens, économistes, sociologues, artistes, dramaturges, universitaires qui ont tous répondu à cette main tendue, œuvrent inlassablement pour que la vision de notre monde ne soit plus unilatérale, et vous leur avez accordé un accueil et une audience si extraordinaires qu'ils en sont à se demander s'il ne faudrait pas refaire une autre rencontre.

10 mai, une date commémorative

Qu'est-ce donc que cette date du 10 mai devenue une référence pour ceux que Johann Michel appelle « les descendants d'esclaves » dans son ouvrage justement intitulé *Devenir descendant d'esclave* paru aux Presses Universitaires de Rennes en 2005 ? Commémorer les abolitions de l'esclavage, dit cet auteur, c'est regarder de près la coexistence des régimes mémoriels antagoniques, en particulier à partir de la commémoration, en 1948, du centenaire de la seconde abolition de l'esclavage, avec la célébration de la République française, personnifiée dans la figure de Victor Schœlcher, en raison de son action émancipatrice envers les anciens esclaves. On exaltait alors l'assimilation avec la Métropole et on passait sous silence une partie de la réalité de l'esclavage et de ses abolitions. Une attitude caractérisée par une amnésie commandée, souligne l'auteur (p. 40).

L'autre régime mémoriel qualifié de « nationalistes » s'enracine selon l'auteur dans un contexte international caractérisé par les décolonisations des années 1950 et 1960. Il est également marqué par la déception des populations ultramarines qui espéraient que le processus de départementalisation réduise les inégalités sociales. D'où l'émergence consécutive de mouvements autonomistes ou indépendantistes dans les territoires d'Outre-Mer qui explique le processus de «nationalisation de la mémoire».

Les célébrations du bicentenaire de l'abolition de l'esclavage, en 1998, voient revenir au premier plan le régime abolitionniste, sans pour autant que le régime nationaliste ne s'efface complètement. En effet, ce dernier fait l'objet d'une «opération de recadrage» de la part de théoriciens de la créolisation. La commémoration des abolitions de l'esclavage en France ne devrait pas être une simple festivité dans laquelle le président de la République française paraderait ici et là, donnerait des poignées de main à quelques associations d'Afro-descendants. Commémorer les abolitions de l'esclavage c'est ni plus ni moins reconnaître un crime contre l'humanité et rendre hommage à ses victimes tout en repoussant le voile de l'Oubli...

Je rêve donc d'une Afrique fière de son passé, soucieuse de son présent, de son avenir et de son devenir, seule condition pour une fierté de cette France noire que tout le monde voit, mais que les institutions n'ont pas encore intégrée dans leur vocabulaire.

SEPTIÈME LEÇON

Guerres civiles et enfants soldats en Afrique noire
(17 mai 2016)

Dans son acception la plus simple, la guerre civile est une situation dans laquelle, à l'intérieur d'un État, une lutte armée oppose les forces armées à des groupes armés identifiables, ou des groupes armés entre eux. Il ne s'agit donc pas d'une révolte ou d'une simple insurrection, la guerre civile est bel et bien une vraie guerre même si les spécialistes du droit de guerre utilisent plutôt l'expression « conflit non international » pour la qualifier et réservent le mot « guerre » pour définir un conflit armé international.

Or, peu importe les définitions, les nuances, les conséquences sont là, et « un conflit non international » n'a pas forcément moins de conséquences qu'une guerre, d'autant plus qu'en matière de guerres civiles la question de la durée, celle de la fréquence du conflit laissent le plus souvent les nations concernées dans un état aussi désastreux qu'un territoire ravagé par un conflit international.

Dans son visage moderne, la guerre civile remonte à la fin du XVIIIe siècle et du XIXe siècle, sans pour autant qu'on ne la rattache à un seul continent ou à un seul peuple. Il n'y a pas de peuples qui ont, par essence, la barbarie de la guerre civile comme atavisme. Pensons par exemple aux États-Unis, au Mexique, à la Grèce ou à Cuba qui ont été les théâtres des guerres civiles, sous les formes de guerres d'indépendance dans lesquelles les peuples luttaient contre une domination coloniale ou une force étrangère d'occupation. Plus près de nous, le siècle passé a porté aussi son lot de guerres civiles, d'indépendance ou de décolonisation comme en Indonésie (1945-1949) ou en Algérie (1954-1962), des conflits épaulés directement ou indirectement, fomentés ou orchestrés par les États-Unis ou l'Union soviétique comme pour la Grèce (1946-1949), l'Indochine (1946-1954), l'Angola (1975-1992), le Mozambique (1979-1992), le Congo-Brazzaville (dans les années 1990 et le début des années 2000). Certains de ces conflits empruntant des aspects ethniques ou religieux comme en Yougoslavie, au Rwanda ou pendant la première et seconde guerre de Tchétchénie…

Notre époque est caractérisée par l'utilisation des enfants dans ces affrontements tant par la quantité – plus élevée qu'elle ne l'a jamais été, entre 30 et 50 % de l'effectif total de nombreux groupes armés en Afrique ou en Asie – que par la qualité puisque les enfants sont devenus combattants à part entière, terrorisant les populations et intimidant les armées dites régulières. Un autre aspect pourrait être pointé : c'est la participation plus que croissante des filles, et les romanciers nous les montrent en « épouses » ou « esclaves sexuelles ».

Guerres civiles et enfants soldats en Afrique noire

De la «poétisation» de l'enfant soldat

Je me suis intéressé à quelques exemples à travers la lecture de textes tirés du roman de l'Ivoirien Ahmadou Kourouma, *Allah n'est pas obligé*, de celui du Nigérian Ken Saro-Wiwa, *Sozaboy*, de celui du Congolais Dongala, *Johnny Chien Méchant*.

Le premier constat que l'on opère est que ces œuvres, pour la plupart, se regardent – au point même qu'il n'est pas exclu d'éprouver une gêne causée par le sentiment du déjà vu, voire du déjà lu. Ces fictions suivent pour ainsi dire des figures imposées dans leur description des atrocités, dans leurs manières de les raconter ou par le personnage principal, minuscule individu guerrier, «l'enfant soldat». Nous avons de ce fait l'impression que nous le connaissons, que nous l'avons déjà vu, peut-être même trop vu : sur les couvertures de livres choisies à dessein par l'éditeur, soit pour incarner l'horreur dans sa gradation la plus absolue, soit pour édulcorer le phénomène avec le sourire d'un gamin fier de porter une arme, de l'exhiber tel un symbole de pouvoir et de domination, entrant de la sorte dans le vertige de ce qu'Achille Mbembe qualifie de «politique de l'inimitié».

Nous connaissons ce personnage parce que nous l'avons vu dans la presse, à la une des journaux, dans des documentaires insoutenables puisque, là encore, le but est de procurer le choc par l'image, cette sensation qui transforme la littérature en un espace de bons sentiments, en une vision manichéenne du monde. Cet enfant soldat est le démon, mais n'est-il pas la victime de la barbarie des adultes, marionnettes à peine dissimulées de la situation ?

Dans les romans, dans la presse donc, l'enfant soldat est traité sous un aspect qui n'est pas sans rappeler la littérature exotique, comme le souligne Charlotte Lacoste dans son article « L'enfant soldat dans la production culturelle contemporaine, figure totémique de l'humaine tribu », qui m'a inspiré la trame de cette leçon :

> « L'Afrique n'apparaît jamais que comme une vaste brousse sans frontières où des hordes sauvages se battent et s'ébattent à l'infini (c'est l'Afrique fantasme d'avant la conférence de Berlin, autant dire préhistorique), et où les Occidentaux se complaisent à ne rien comprendre pour profiter du spectacle tout en niant leurs propres implications, les guerres africaines revêtent un nouveau visage, celui d'un enfant, qui n'est plus seulement la victime de ces guerres mais qui se les approprie et les mène avec entrain, nous révélant par là même une nouvelle facette de l'humain : sa propension au meurtre gratuit. La violence (guerrière ou génocidaire) ne procède plus de l'action concertée de groupes humains : elle est le produit naturel de notre part d'inhumanité, mal dissimulée sous un vernis de culture, qui ne résiste pas à l'appel au crime. [...] En tout point conforme à l'"horizon d'attente" du public, l'enfant soldat donne au lecteur tout ce qu'il attend – ce qui signifie du même coup qu'il ne lui apprend pas grand-chose – et devient dès lors le support à partir duquel l'Occidental plaque et

déploie un discours qui le concerne lui, et accessoirement lui évite de se pencher sur les raisons objectives du phénomène[76] ».

C'est encore le même enfant soldat qu'on aura au cinéma dans *Beasts of no nation*, adapté du roman d'Uzodinma Iweala dont j'ai assuré la traduction française aux éditions de L'Olivier sous le titre de *Bêtes sans patrie* (2008) ou encore *Johnny Mad Dog*, adapté du roman de Dongala, *Johnny Chien Méchant*, que Charlotte Lacoste décortique en ces termes :

> « Le film de Jean-Stéphane Sauvaire, *Johnny Mad Dog*, est lui aussi placé sous le signe de la naturalisation des comportements humains. Là encore, les repères historiques ont été gommés, choix d'autant plus surprenant, en l'occurrence, que le roman dont est tiré le film, *Johnny Chien Méchant* d'Emmanuel Dongala, situe l'action au Congo, à la toute fin des années 1990, au moment où la guerre a obligé l'auteur à quitter son pays. Dans le film, dont on nous laisse vaguement supposer qu'il se passe au Liberia, on est prié de se repaître simplement du spectacle de ces enfants en guerre qui se battent littéralement pour rien, à tous les sens du terme ; c'est une fois de plus le problème de la sauvagerie naturelle qui s'exhibe ici – et en gage d'authenticité, Sauvaire a embauché comme acteurs d'anciens enfants soldats. Ce film de guerre anhistorique présente en outre la caractéristique d'être plutôt esthétisant. En plus de ménager des ralentis et des

effets de flou cinégéniques dans les combats, l'auteur mise sur l'élégance du battle-dress : leurs parures de guerre confèrent à ces adolescents le look tendance de rappeurs – avec de savants contrepoints : aux angles aigus que dessinent des kalachnikovs succèdent les ailes de papillon que déploie l'un des plus jeunes –, si bien que le déplacement du groupe d'enfants soldats a quelque chose du défilé de mode ; il ne manque pas même la robe de mariée, enfilée suavement dès les premières minutes du film par un adolescent musculeux épousant la mort, entre fragilité et puissance. Ces images léchées, parfois mièvres, associées à l'extrême violence, flirtent parfois avec le kitsch[77]. »

On se demandera si ces récits de la réalité, bénéficiant du traitement poétique de la création, ne contribueraient pas à banaliser cette horreur qu'est la guerre civile. Faut-il écrire pour dénoncer, enseigner, alerter, tirer la sonnette d'alarme ou laisser cours aux caprices de son art sans pour autant être comptable de ce qui se déroule à ses yeux ?...

Charlotte Lacoste fournit une réponse judicieuse :

« Il y a d'abord le préjugé qui voudrait que l'art ne colle pas le réel de trop près. C'est l'idée que la littérature gagne en littérarité ce qu'elle perd en précision, et que l'œuvre d'art digne de ce nom doit se mouvoir dans une certaine abstraction. Les auteurs de fables édifiantes croient conférer à leur œuvre une dimension d'universalité en déspécifiant leur propos, manière de suggérer que ce qui est décrit pourrait se passer en tout temps et en tout lieu. Or, bien des chefs-d'œuvre prouvent au contraire que l'œuvre d'art s'accommode très bien du réel, à commencer par le conte philosophique. La critique voltairienne contre l'arbitraire et la violence n'aurait pas été aussi efficace si *Candide* n'avait pas évolué dans un univers référentiel précis[78].»

On pourrait évoquer, pour conclure, deux œuvres en illustration, un roman de Kourouma et une autobiographie de Gaël Faye.

«*Allah n'est pas obligé*»

Dans *Allah n'est pas obligé*, Ahmadou Kourouma entre dans la peau d'un petit narrateur, un personnage-narrateur, un enfant soldat prénommé Birahima. C'est ce dernier qui prend donc la charge de la narration, nous raconte les faits et gestes des guerres civiles dans une langue qui, elle-même aussi, épouse les maladresses nées de la naïveté du narrateur. On en vient presque à l'absoudre des cruautés qu'il expose tant sa propre existence offre des circonstances presque atténuantes. Il a une douzaine d'années, enfant de la rue en Guinée. À la mort de sa mère, il doit aller retrouver sa tante qui vit au Liberia. Il est accompagné dans cette quête par Yacouba, un «bandit boiteux, multiplicateur des billets de banque et féticheur musulman». C'est en chemin qu'ils se font enrôler dans différentes factions, où le petit Birahima deviendra enfant soldat avec ce que cela comporte de rapines, meurtres, drogue, viols... Son accompagnateur Yacouba devient le féticheur des bandits, très croyants, et les deux vont traverser la Guinée, la Sierra Leone, le Liberia et enfin la Côte-d'Ivoire. L'enfant aura sa propre définition de la guerre dite tribale :

> « Quand on dit qu'il y a guerre tribale dans un pays, ça signifie que des bandits de grand chemin se sont partagé le pays. Ils se sont partagé la richesse ; ils se sont partagé le territoire ; ils se sont partagé les hommes. Ils se sont partagé tout et tout et tout le monde entier les laisse faire. Tout le monde les laisse tuer librement les innocents, les enfants et les femmes. »

Si la peinture, la langue savoureuse et inventive de Kourouma hissent *Allah n'est pas obligé* parmi les plus grandes œuvres de l'auteur ivoirien, il reste que certains critiques se sont demandé ce qui pouvait justifier le succès de ce roman couronné par plusieurs prix littéraires, dont le Renaudot en 2000. Isaac Bazié explique :

> « L'une des raisons de la consécration du roman *Allah n'est pas obligé* par deux prestigieux prix littéraires est sans doute l'actualité et la portée morale du sujet traité qui interdit en quelque sorte au lecteur de rester indifférent. Le fait de ne pas lire le roman ressemble désormais à une sorte de délit de non-assistance à personne en danger[79]. »

Guerres civiles et enfants soldats en Afrique noire

Christiane Ndiaye dira quant à elle :

« On a su gré à Kourouma de rendre "lisible" un sujet aussi grave et réellement insupportable que les atrocités vécues par les enfants soldats en confiant le récit à un narrateur enfant dont le regard naïf se double d'un langage rendu amusant par le recours incessant à quatre dictionnaires censés pallier les lacunes laissées par une éducation trop tôt interrompue. Or, un regard attentif porté sur cette astuce linguistique révèle que les liens entre cette écriture assez désinvolte (à première vue) et ce qui se lit comme un témoignage fictif mais émouvant conçu pour dénoncer l'inadmissible sont en fait plus étroits et plus complexes. Loin de ne servir qu'à distraire le lecteur (c'est-à-dire détourner son regard du tragique, lui permettant de se détendre le temps d'une parenthèse), cette mise en relief constante des difficultés du narrateur à trouver des mots "convenables" pour faire son récit illustre que la mémoire des temps présents est ici médiatisée par une mémoire des mots : mémoire des mots qui n'est pas simplement celle d'une langue maternelle autre, mais surtout celle des discours sociaux qui servent à occulter la mémoire des choses, des êtres et des événements[80]. »

La situation politique sierra-léonaise et libérienne marque le roman de Kourouma, lui affectant un caractère de docu-roman ou de roman documentaire qui se précisera encore dans la suite des aventures de notre héros publiée à titre posthume, *Quand on refuse on dit non* (2004).

Huit leçons sur l'Afrique

La part de l'Art et de la réalité n'est pas facile à discerner avec cette narration à la première personne. Comment en effet séparer ce qui relève de l'Histoire réelle de la fiction dans une œuvre où l'on retrouve aussi bien des noms de personnages réels et ceux dérivés de l'imagination de l'auteur ? Nous sommes par conséquent ici dans une littérature qui, même si elle touche les travers de la société dans ce qu'elle a de plus tragique, pourrait alimenter une réelle fascination – la même que certains détracteurs de Jonathan Littel pointaient du doigt pour son personnage Maximilien Aue dans *Les Bienveillantes*, prix Goncourt 2006. Dans ce dernier roman les personnages historiques comme Robert Brasillach, Lucien Rebatet, ou Pierre-Antoine Cousteau côtoient des personnages fictifs pendant cette sombre traversée de la guerre sur le Front de l'Est, de la Shoah aux camps d'extermination des juifs jusqu'à la bataille de Stalingrad et la chute de Berlin en 1945. En réalité, de même que pour le personnage Maximilien Aue, ce petit personnage soldat devient « un motif autour duquel se cristallisent certaines obsessions ».

Par ailleurs, les images des couvertures de quelques-unes de ces fictions et affiches de films entérinent le discours (occidental), non exempt de stéréotypes coloniaux relayés par la presse. On projette sur l'enfant soldat africain certaines lubies qui sont dans l'air du temps, et on fait de lui le symbole, sinon de ce que nous sommes, du moins de ce que nous voudrions être (ou ne pas être). La parole de l'enfant témoignant de ces atrocités résonne tellement que la violence verbale qui décrit ses actes se trouve diluée dans une poésie qui rend le personnage sympathique et attachant. Or le roman de Kourouma est d'emblée placé sous le sceau de l'utilité comme l'auteur le souligne à travers la dédicace : « *Aux enfants de Djibouti : c'est à votre demande que ce livre a été écrit.* »

On est en présence d'une posture de l'écrivain qui intervient, qui s'investit dans les affaires de la cité. Dans un entretien qu'il a accordé à la journaliste Catherine Argand il s'expliquera longuement :

> « En 1994, je me suis rendu à Djibouti à l'invitation du centre culturel français. Dans les écoles que j'ai visitées, j'ai rencontré énormément d'enfants chassés de Somalie par la guerre tribale. J'ai décidé d'écrire leur histoire, ou plutôt de la transposer dans deux pays plus proches de chez moi – le Liberia et la Sierra Leone[81]. »

L'auteur avouera, dans la même interview, qu'il n'avait pas voulu se rendre au Liberia et en Sierra Leone, « cela aurait gêné, empêché le travail de fiction ».

« Petit Pays » ou une enfance en temps de guerre

Gaël Faye était connu jusqu'alors comme musicien et auteur du magnifique album de musique *Pili-Pili sur un croissant au beurre* dans lequel on trouve le titre *Petit Pays*. On y entend déjà le musicien clamer : « *Alors petit pays, loin de la guerre on s'envole quand ?* »…

Tout comme cette chanson, *Petit Pays* (Grasset, 2016) est un roman très personnel et intime sur une enfance africaine traversée par des turbulences sociopolitiques dans un des territoires les plus instables de la région des Grands Lacs : le Burundi. On se rappellera d'ailleurs qu'au début du XIXe siècle le Burundi et le Rwanda ne constituaient qu'un seul espace, le « Ruanda-Urundi », empire colonial de l'Allemagne qui, défaite pendant la Première Guerre mondiale, fut confié par la Société des Nations à la Belgique, devenant alors une des provinces du Congo belge.

Le Rwanda et le Burundi se touchent donc, partagent la même culture, les mêmes traditions, la même composition de la population (les Hutu, les Tutsi et les Twa) et, par voie de conséquence, les mêmes causes de conflits politiques.

Dans *Petit Pays*, le narrateur Gabriel décide de retourner au Burundi. Après un prologue marqué par les souvenirs des dialogues avec son père sur la manière de distinguer un Tutsi d'un Hutu, une autre voix apparaît, adulte cette fois, celle du même Gabriel, âgé maintenant de 33 ans : il vit en France dans « une cité dortoir et fonctionnelle » et tient à se rendre dans ce « pays maudit » où, selon sa sœur cadette Ana, il n'y trouverait que des « fantômes et un tas de ruines ». Leur père, Michel, est un « petit Français du Jura » dirigeant une usine d'huile de palme et qui épousa Yvonne, une refugiée échouée au Burundi depuis les massacres des Tutsi en 1963 dans son pays natal, le Rwanda.

Guerres civiles et enfants soldats en Afrique noire

Les faits racontés par Gabriel opposent donc l'avant – marqué par le bonheur et l'insouciance du couple mixte jusqu'à sa séparation – et l'après, caractérisé par un chaos né de la confusion politique burundaise à partir de 1993. À l'époque, de l'autre côté, le Zaïre de Mobutu – aujourd'hui République démocratique du Congo – affichait plutôt un quotidien de bars et d'avenues grouillants de monde, avec des personnages hauts en couleur comme Jacques, l'ami du père, un Belge à qui la famille rendait visite tous les mois et qui se comportait encore en véritable colon dans les tropiques, haïssant son propre pays et se livrant même à la chasse au crocodile. Sa terrasse donnait d'ailleurs sur le lac Kivu et, de là, Yvonne apercevait le pays d'en face, ce Rwanda couvant derrière la splendeur de ses montagnes et de ses collines des haines et des inimitiés qui, exhumées plus tard, allaient être les ingrédients du génocide des Tutsi en 1994. Avant ce génocide, le Front Patriotique Rwandais (FPR) – parti créé par les exilés tutsi depuis l'Ouganda – attaqua par surprise le pouvoir hutu du président Juvénal Habyarimana. Yvonne perdra d'abord son frère Alphonse parti au front pendant qu'un autre, Pacifique, qui pourtant « n'aimait que les bandes dessinées, sa guitare et la chanson », décidera lui aussi d'aller combattre…

C'est pendant une visite chez leur ami belge que le couple se sépare finalement sans pour autant que les enfants n'en saisissent les mobiles réels. Yvonne retourne dans son lieu d'enfance pour la première fois depuis les années 1960. Les enfants, restés avec le père, fréquentent l'école française de Bujumbura. La grand-mère maternelle vit à Bujumbura et tient à transmettre la geste tutsi au petit-fils à travers les contes, les légendes et les mythes. Mais « Gaby » est préoccupé par les temps présents et soupire : « Au milieu de tout ça, je peux vous dire que je me foutais bien du Rwanda, sa royauté, ses vaches, ses mots, ses lunes, son lait, son miel et son hydromel pourri. »

Le gamin peut aussi compter sur une autre « famille », sa bande d'amis, tous métis comme lui : l'intrépide Gino, l'aîné de tous, mais aussi les « jumeaux » et Armand – le « seul Noir du groupe ». Gabriel et Ana sont presque privilégiés au regard des autres gamins du Burundi. Le petit « Gaby » fréquente avec son père le Cercle nautique, s'émeut devant le spectacle des hippopotames dans le Tanganyika et, avec sa sœur, bénéficie de l'attention du personnel de papa : le cuisinier Prothé, le contremaître zaïrois Donatien ou encore le jeune chauffeur Innocent. Et c'est la force de Gaël Faye que de commettre un roman sur une enfance de métis en Afrique – ce qui est rare dans les lettres africaines.

Tout bascule du jour au lendemain : au Burundi, l'heure est à l'élection présidentielle. Le Tutsi Pierre Buyoya, membre de l'Union pour le Progrès National (UPRONA), arrivé au pouvoir par coup d'État depuis trois décennies, avait installé avec son clan un règne sans partage. En cette année 1993, avec le discours de la Baule prononcé trois ans plus tôt par François Mitterrand qui incitait les chefs d'États africains d'installer une démocratisation du pouvoir, les Burundais allaient choisir enfin leur président. Melchior Ndadaye – un Hutu du Front de la Démocratie du Burundi (FRODEBU) – est élu et, en vue de créer un climat de réconciliation nationale, il nomme comme Premier ministre une Tutsi, Sylvie Kinigi. Mais cent jours après son investiture, il est assassiné, et le pays plonge dans une guerre civile avec plus de 300 000 morts, pour la plupart des Tutsi. Le Rwanda et le Zaïre voient arriver en masse des réfugiés burundais. « Les jours passaient et la guerre continuait de faire rage dans les campagnes. Des villages étaient ravagés, incendiés, des écoles attaquées à la grenade, les élèves brûlés vifs à l'intérieur. » Gabriel semble néanmoins à l'abri : « Depuis le ventre calme de notre maison, tout cela paraissait irréel [...] Rien n'avait changé. Nous poursuivions nos jeux et nos explorations [...] La végétation avait retrouvé ses couleurs vives. Les arbres ployaient sous le poids des fruits mûrs et la rivière avait repris son plein débit. »

Michel s'évertuait à cacher la situation politique du pays à ses enfants, mais jusqu'à quand le pouvait-il alors que ceux-ci étaient à même de la lire sur l'expression désespérée de son visage, sans doute parce qu'il était contraint de licencier ses ouvriers et de finalement arrêter ses chantiers dans l'arrière-pays à cause des massacres ?

L'esprit de division ethnique entre Hutu et Tutsi avait aussi atteint l'école. Et Gabriel de conclure : « Moi qui souhaitais rester neutre, je n'ai pas pu. J'étais né avec cette histoire. Elle coulait en moi. Je lui appartenais. »

Le Burundi vivra un autre choc car Cyprien Ntaryamira, élu à la tête de l'État en 1994 pour apaiser le climat, connaîtra un destin tragique : le 6 avril 1994, l'avion dans lequel il se trouvait avec son homologue rwandais Juvénal Habyarimana est abattu en plein vol par un missile. Le lendemain, un génocide commence au Rwanda, avec le massacre de plus de 800 000 Tutsi selon les estimations de l'Onu...

Au Burundi, dans l'avion affrété par Paris pour évacuer les ressortissants français, Gabriel et sa sœur se souviendront longtemps de leur père resté au pays et de sa « petite main qui s'agitait au balcon de l'aéroport de Bujumbura », sans doute satisfait à l'idée que ses enfants seraient reçus en lieu sûr, dans une famille d'accueil, « quelque part en France ». La dernière image qu'ils garderont de lui...

Voici donc le narrateur adulte dans le « petit pays » de son enfance. Mais beaucoup de choses ont tragiquement changé. Il y a le vide. Des ombres. Celles des disparus après son départ : « J'ignore encore ce que je vais faire de ma vie. Pour l'instant, je compte rester ici, m'occuper de maman, attendre qu'elle aille mieux. Le jour se lève, et j'ai envie de l'écrire... »

Gaël Faye a su évoquer les pages les plus sombres de l'Afrique contemporaine sans verser dans le pathos de certaines œuvres qui traitent des Grands Lacs, en particulier le Rwanda. L'auteur a évité l'écueil de celui qui aurait pu se contenter de « rapper » ou de « slamer » sa fiction afin de contenter les amateurs de langue « tropicalisée », et satisfaire au passage la soif d'exotisme d'une certaine critique lorsqu'il s'agit d'œuvres ayant pour toile de fond le continent africain.

HUITIÈME LEÇON

*Écrire après le génocide
du Rwanda*
(24 mai 2016)

Prolégomènes : repères historiques du Rwanda

Le Rwanda connaîtra son premier roi tutsi Ruganzu Ier Bwimba au XIVe siècle et, jusqu'au début du XIXe siècle, le pays sera toujours gouverné par un roi tutsi, «le Mwami», reconnu de tous, sans que cela ne constitue une véritable pomme de discorde même au cours de la première présence coloniale allemande en 1894.

Entre 1900 et 1918, on voit débarquer la première mission catholique, suivie de la conquête des Belges après que les Allemands, vaincus pendant la Grande Guerre, furent dépossédés de leur territoire colonial.

C'est en 1925 que le «Ruanda-Urundi» sera annexé au grand ensemble du Congo belge et placé sous l'autorité d'un vice-gouverneur général.

En 1943 le roi Rudahigwa, Mutara III, est baptisé, avec ses chefs et sous-chefs. Le souverain tutsi peut compter désormais sur le soutien de l'Église catholique et de l'administration coloniale belge. Ce qui le pousse, toujours sous la bénédiction des Belges, à écarter les chefs hutu au profit des chefs tutsi.

La stratégie des Belges sera donc celle de la division : créer une rivalité farouche entre les Tutsi et les Hutu. Et la Belgique poussera le bouchon plus loin en introduisant la mention de l'ethnie sur la pièce d'identité en 1931 et, après la Seconde Guerre mondiale, en 1946, le Ruanda-Urundi deviendra un territoire sous tutelle de l'Onu qui, une année après, octroiera officiellement la tutelle aux Belges. La frustration des Hutu est telle que ceux-ci, lancés dans ce qu'ils appelaient la « Révolution sociale agricole », fonderont le Parti du Mouvement de l'Émancipation hutu, le Parmehutu. Dans leur « Manifeste des Bahutu » (1957) les Hutu remettent en cause les prérogatives de la monarchie tutsi et leur quasi-absence dans les domaines politique, économique, social et éducatif. En retour, les Tutsi créent en 1959 l'UNAR, l'Union Nationale Rwandaise, et en appellent à l'indépendance du pays, ce qui entraînera les Belges à changer de « partenaires », à soutenir désormais les Hutu qu'ils estimaient plus malléables.

L'indépendance du Rwanda sera proclamée en 1961 à l'issue des élections communales – le parti des Hutu obtiendra 70 % des voix tandis que celui des Tutsi ne récoltera que 2 %, Dominique Mbonyumutwa deviendra le président provisoire du Rwanda, poussant le roi Kigeri V vers le chemin de l'exil qu'allait suivre bon nombre de Tutsi au fur et à mesure que le pays s'enfermait dans ses divisions prétendument « ethniques ».

Écrire après le génocide du Rwanda

En 1961 Grégoire Kayibanda du Parmehutu est élu président de la République, les massacres et l'exil de Tutsi prennent de l'ampleur.

En 1965, Grégoire Kayibanda est réélu, le Parmehutu devient le seul parti du pays et Juvénal Habyarimana occupe le poste de ministre de la Défense et de la Garde nationale. Ce dernier, dans un scénario classique des dictatures africaines, prendra le pouvoir en 1973 à l'issue d'un coup d'État militaire et créera un nouveau parti unique, le Mouvement Révolutionnaire National pour le Développement (MRND).

L'autocrate cherche des alliés afin de conforter son pouvoir et le faire perdurer. Dans cet esprit, il signera un accord d'assistance militaire avec la France. Le nouvel homme fort règne de main de maître et marque les années 1980, soutenu sans failles par la France car il peut compter sur son amitié avec le président français François Mitterrand.

Les années 1990 sont celles des attaques du FPR, le Front Patriotique Rwandais emmené par le Tutsi Paul Kagamé. Les tentatives de discussions avec le régime en place se multiplient, mais échouent.

Le vent du multipartisme souffle sur le continent avec le discours de la Baule, écrit par Érik Orsenna, prononcé par François Mitterrand le 20 juin 1990 et en appelant à une véritable démocratie en Afrique. Cette « Conférence de la Baule » qui réunit la France et trente-sept pays africains est censée dégeler les rapports du continent africain avec l'ancienne puissance coloniale. La conclusion de l'allocution de François Mitterrand semblait aller dans ce sens et plaidait indirectement pour la fin de la « Françafrique » à la surprise générale de certains monarques installés au pouvoir depuis des décennies et invités en grande pompe pour l'événement :

> « Nous parlons entre États souverains, égaux en dignité, même si nous ne le sommes pas toujours en moyens. Il existe entre nous des conventions de toutes sortes. Il existe des conventions de caractère militaire. Je répète le principe qui s'impose à la politique française chaque fois qu'une menace extérieure poindra, qui pourrait attenter à votre indépendance, la France sera présente à vos côtés. Elle l'a déjà démontré, plusieurs fois et parfois dans des circonstances très difficiles. Mais notre rôle à nous, pays étranger, fût-il ami, n'est pas d'intervenir dans des conflits intérieurs. Dans ce cas-là, la France en accord avec les dirigeants veillera à protéger ses concitoyens, ses ressortissants mais elle n'entend pas arbitrer les conflits. C'est ce que je fais dans le cadre de ma responsabilité depuis neuf ans. De la même manière, j'interdirai toujours une pratique qui a existé parfois dans le passé et qui consistait pour la France à tenter d'organiser des changements politiques intérieurs par le complot ou la conjuration. Vous le savez bien, depuis neuf ans, cela ne s'est pas produit et cela ne se produira pas[82]. »

La fin de la Françafrique ? Pas tout à fait car après le discours de la Baule, l'armée du Front Patriotique Rwandais de Paul Kagamé, composée essentiellement de Tutsi en exil et bien entraînée en Ouganda, attaquera dans le nord du Rwanda, et ce sera grâce à l'intervention française que le régime du président Habyarimana survivra.

Le Rwanda s'oriente progressivement vers le chaos. Le pays grouille désormais de milices (*Interahamwe*) créées de toutes pièces par le pouvoir en place, et ces unités accumulent des massacres de Tutsi en 1992 à Gisenyi, la région natale du président Habyarimana.

Il fallait discuter, trouver une issue. Les «Accords d'Arusha» (Tanzanie) en 1993 prévoient alors un partage équitable du pouvoir entre les Hutu et les Tutsi. Ils exhortent par ailleurs les exilés à regagner le pays et promettent d'intégrer les militants tutsi du Front Patriotique Rwandais dans l'armée régulière. La France peut désormais retirer ses forces qui secouraient ce régime en bout de souffle.

Après ce qui semble être un départ «définitif» de la France, l'Onu prend le relais à travers la MINUAR, la Mission d'assistance des Nations unies au Rwanda. On pense à la fin des troubles, on souffle, le Rwanda siège même en 1994 au Conseil de Sécurité de l'Onu en tant que membre non permanent – une véritable avancée.

Mais c'est oublier que le pouvoir est encore entre les mains des Hutu qui, par leur inclusion au Conseil de Sécurité de l'Onu, ont désormais accès aux documents sensibles de la Mission d'assistance affectée au pays. Pendant ce temps, la mise en place des résolutions des «Accords d'Arusha» patine. L'aile dure du gouvernement hutu qui revendique une mouvance dite «Hutu

Power » rejette l'idée d'un gouvernement de transition qui ouvrirait la porte aux Tutsi.

Le 6 avril 1994 un avion est abattu dans le ciel de la capitale rwandaise, Kigali. Et cet avion transportait les présidents rwandais et burundais. Le lendemain, commenceront les massacres d'une ampleur sans commune mesure, et le monde entier vivra en direct l'un des derniers génocides du XXe siècle dans ce « petit pays », pour reprendre la formule du rappeur-romancier franco-rwandais Gaël Faye…

Le génocide, conséquence d'un certain héritage colonial

Le Rwanda fait partie de la « région des Grands Lacs » – qui compte près de 170 millions d'habitants – et, comme partout dans le continent africain, les frontières de cet espace de l'Afrique de l'Est ont été héritées des anciennes puissances coloniales. L'expression « pays des Grands Lacs » n'est d'ailleurs pas nouvelle, elle était déjà dans la bouche des explorateurs européens lancés à la recherche des sources du Nil à la fin du XIXe siècle, certains d'entre eux – comme les Britanniques Henri Morton Stanley ou Richard Francis Burton – ayant été évoqués pendant la première leçon.

Dans leur ouvrage *Rwanda, Racisme et génocide, l'idéologie hamitique* (2013) que je convoquerai largement ici, Jean-Pierre Chrétien et Marcel Kabanda rappellent que c'est avec le colloque organisé à Bujumbura en 1979 et consacré à la civilisation ancienne des peuples des Grands

Écrire après le génocide du Rwanda

Lacs que l'expression a connu un regain de faveur pour désigner cet ensemble composé par la Tanzanie, l'Ouganda, la RDC, le Rwanda et le Burundi. Les conflits interminables dans cet espace font régulièrement la une des journaux, laissant penser à une fatalité ou à une barbarie qui serait propre au continent noir. Or ce chaos est directement la conséquence lointaine des idéologies propagées par les colons et qui ont fini par s'incruster dans l'inconscient des anciens colonisés.

Il faut se souvenir que plusieurs des expéditions européennes en Afrique avaient pour dessein de dénicher des lieux prétendument mythiques, et parmi eux, les sources du Nil. Mais ce n'était pas seulement l'Europe qui couvait de tels fantasmes puisque l'on retrouve également cette frénésie dans le monde arabe, si l'on se réfère par exemple aux *Mille et Une Nuits* où l'on parle d'une «rougeoyante ville de cuivre aux abords des sources du Nil[83] ».

Le génocide au Rwanda a été, de ce fait, devancé par une «littérature» nocive. Pour s'imposer et perdurer, comme nous l'avons vu plus haut, les colons belges s'étaient appuyés sur l'*ethnie* et avaient jonglé selon les pouvoirs en place ou la composition des groupes. Une certaine littérature occidentale du XIXe siècle embarquée dans le vertige de la colonisation garantira les «rêveries» de grandeur, accréditant à sa manière l'existence dans cette partie de l'est de l'Afrique de peuples extraordinaires, spécifiques, loin des tares de ces nègres qui auraient été maudits depuis les temps de la «malédiction de Cham». C'est cette distinction, appuyée aussi bien par la science d'alors que par les textes religieux, qui sera plus tard la grille de lecture au sujet des populations du Rwanda :

> « Le pouvoir colonial a racialisé les catégories qui étaient à l'origine sociales, en distinguant les Noirs nilo-hamites, d'une part, et les bantous, d'autre part. Jugés supérieurs, aptes à l'évangélisation, [les Hamites] seraient venus du Moyen-Orient (d'Éthiopie, ou encore de la région du Nil). Les "vrais Noirs", au contraire, se seraient moins prêtés à la conversion au christianisme. L'opposition entre les seigneurs d'Orient et les "nègres Banania" est un des plus sinistres exemples du développement de l'idéologie africaniste[84]. »

Il n'était donc plus question de l'inégalité des races tout court, mais de *l'inégalité à l'intérieur de la race noire*, l'une étant supérieure à l'autre ; l'une d'elles étant faite pour dominer, commander, parce qu'ayant gardé dans sa migration du nord vers le sud les fondements de l'intelligence occidentale chère à Hegel, tandis que l'autre noire, la maudite, était restée au stade de la sauvagerie. Ce qui expliquera l'idéologie occidentale de la mission « noble et humaniste » de sauver le nègre barbare, mieux encore, d'éloigner le nègre supérieur, donc le Hamite, de la puissance de nuire des « vrais nègres ». Il s'agissait de ce que Catherine Coquio qualifie « d'exportation d'un délire » : le « rêve » de la création d'un « Orient africain », le Nil devenant du coup le « lieu symbolique où l'exotisme racial, d'inspiration biblico-scientifique, prend le relais de l'exotisme géographique et entre en coalescence avec lui[85] ».

Pour s'en convaincre, il n'y a qu'à lire les conclusions du rapport d'Administration coloniale Ruanda-Urundi, dressées depuis Bruxelles en 1925 et que cite Coquio dans son *Rwanda, le réel et les récits* (2004) :

> « Les Tutsi sont un autre peuple. Physiquement ils n'ont aucune ressemblance avec les Hutu, sauf évidemment quelques déclassés dont le sang n'est plus pur. Mais le Tutsi de bonne race n'a, à part la couleur, rien de nègre […] Les Tutsi étaient destinés à régner… D'où viennent ces conquérants ? Ils ne sont pas bantous, cela est bien certain. Mais leur langue est celle du pays, nettement bantoue, sans trace d'infiltration quant à leur origine. »

Plus proche de nous, à la fin des années 1970, Paul del Perugia écrira :

> « Le Hamite – l'Homme au Bâton pastoral – ne gravit que très tard, à la fin du XIIe siècle, la zone interlacustre. Bien qu'en petit nombre, il représenta aussitôt l'élément unificateur du plateau… […] De même que les Bantous méprisaient les pygmées pour leur petite taille, ainsi les Hamites, dès leur apparition, en imposèrent-ils moralement par leur gigantesque stature, et leur allure patricienne. Les paysans furent toisés par une race de Géants devant qui ils s'inclinèrent. La finesse de leurs traits, généralement immobiles et hautains, leurs yeux expressifs, leur prestance magnifique, leur peau aux reflets rouges, tout rendait ces

immigrants irréductibles aux Bantous. Les Hamites ne sont ni négroïdes, ni européïdes. L'origine de leur race splendide demeure toujours mystérieuse. Le comte von Götzen, premier Blanc qui, en 1894, pénétra au Rwanda, ne cache pas l'impression de noblesse que provoquait le spectacle de ces statues impassibles. Sur les Bantous, ils exerçaient une fascination plus grande encore. Le sentiment de majesté qu'inspire cette minorité par sa seule prestance physique, joua un rôle déterminant dans l'organisation rwandaise. Chez les paysans, il provoqua le complexe d'infériorité qui les anéantissait et n'a pas encore disparu[86]. »

Avant la colonisation, la question de l'ethnie était étrangère aux Rwandais, la distinction était en réalité fondée sur une répartition sociale entre les bergers (Tutsi), les agriculteurs (Hutu) et les chasseurs (Twa). Il n'y avait cependant pas de frontières étanches : on pouvait naître Tutsi ou devenir Tutsi, et on pouvait naître Hutu ou devenir Hutu puisque c'était l'activité exercée qui définissait l'individu, et le Rwanda affichait une unité linguistique rare dans le continent.

Dans les années 2000, un groupement d'artistes dénommé Groupov eut la lourde tâche « d'exposer » le génocide au grand public grâce à *Rwanda 94*. Dorcy Rugamba, qui joue dans cette pièce de théâtre, se demande :

« Ici se pose la fameuse question : "Hutu c'est quoi ? et tutsi c'est quoi ?" Certainement pas des ethnies. […]

Écrire après le génocide du Rwanda

Les Bahutu, les Batutsi et les Batwa parlent la même langue (le kinyarwanda), partagent la même culture (l'ikinyarwanda), ont les mêmes croyances (imana) et habitent le même territoire. Il n'y a donc au Rwanda qu'une seule ethnie : les Banyarwanda. Hutu et Tutsi ne sont pas des races non plus car il est impossible de changer de race. Un homme noir ne devient pas blanc ; or des Batutsi devenant des Bahutu ou des Bahutu devenant des Batutsi, cela ne date pas de la colonisation. [...] Dans l'ancien Rwanda, un terme qualifiait le fait de quitter la classe hutu pour la classe tutsi. Kwituhura : se déhutuiser, suis-je tenté de traduire[87]. »

Un avion présidentiel abattu déclenche tout

« L'accident » d'avion du 6 avril 1994 fut l'élément déclencheur du génocide. Le président rwandais revient de Dar es Salam (Tanzanie) où il vient d'accepter la mise en place d'un partage de pouvoirs selon l'esprit des accords signés à Arusha entre 1992 et 1993 et qui avaient permis d'interrompre la guerre civile opposant les unités du Front Patriotique Rwandais (FPR) créé par les exilés tutsi aux Forces Armées Rwandaises (FAR) composées entièrement de militaires hutu soutenant le régime de Juvénal Habyarimana. L'avion est abattu par un tir de missile au moment où il entreprend d'atterrir dans la capitale rwandaise, Kigali. À l'intérieur de l'engin il y a également le président burundais Cyprien Ntaryamira. Il n'y aura aucun survivant dans cet équipage qui comptait également des passagers français et des dignitaires du régime rwandais.

Mais ce n'est pas un accident comme les autres – c'est une sorte de *casus belli*. Des liens seront immédiatement opérés entre l'attaque de l'avion et le bourbier que couvait déjà la région au moment où les uns et les autres cherchaient un terrain d'entente entre les Hutu alors au pouvoir, majoritaires au Rwanda et les Tutsi, minoritaires dans le pays, fondamentalement écartés du pouvoir et représentés par le Front Patriotique Rwandais de Paul Kagamé.

Qui sont les auteurs de cet attentat ? Les Hutu eux-mêmes, notamment la ligne la plus dure du gouvernement, ou bien le Front Patriotique Révolutionnaire de Paul Kagamé ? La question demeure aujourd'hui sans réponse claire, et le juge français Jean-Louis Bruguière, spécialisé dans la lutte antiterroriste et chargé de l'enquête, imputera la tragédie au FPR...

Le génocide, comme indiqué plus haut, débutera le lendemain de l'accident et durera trois mois. Le bilan sera écrasant : entre 500 000 et 1 000 000 victimes pendant ce laps de temps, pour un pays qui comptait à peine 7 000 000 d'habitants. À ce choc, à cette stupéfaction se rajoutera l'attitude incompréhensible de la communauté internationale qui traînera le pas, hésitera à qualifier les faits de *génocide*, préférant plutôt y voir une sorte de conflit ethnique ou de manifestation de la barbarie propre aux Africains.

Écrire après le génocide du Rwanda

La littérature africaine face au génocide rwandais

Plus étrange encore est l'attitude silencieuse de l'écrivain africain face à cette page sombre de l'histoire du continent. Les témoignages viendront d'abord de l'Autre, celui que Coquio classe dans la catégorie de « tiers » et qui, entre littérature et journalisme, recompose le récit de l'extermination programmée d'un peuple. Les succès des ouvrages de Jean Hatzfeld sont l'exemple de cette écriture de témoignage. En recueillant les paroles des génocidaires hutus – notamment dans *Une saison de machettes* (2003) et dans *La Stratégie des Antilopes* (2007) – ou en rassemblant les sentiments des rescapés comme *Dans le nu de la vie* (2000), plusieurs questions se posent, comme celle de l'influence du journalisme dans la transmission de la parole des victimes ou des coupables, ou encore celle du danger de transformer le sujet en filon de littérature à succès. Les mêmes remarques pourraient concerner certains auteurs africains qui ont consacré leurs textes au sujet alors qu'ils ont laissé l'impression d'être absents pendant les atrocités ou de prendre le train en retard.

Je pense, sur ce dernier point, à cette initiative d'un ensemble d'écrivains partis au Rwanda quelques années après le génocide dans une opération dite de « devoir de mémoire » et initiée par le festival Fest'Africa basé à Lille. Ces écrivains venaient « fictionnaliser » la tragédie six ans après, et les ouvrages les plus brillants étant ceux de Tierno Monénembo avec *L'Aîné des orphelins* (2000), d'Abdourahman Waberi avec *Moisson de crânes* (2000) et de Boubacar Boris Diop avec *Murambi, le livre des ossements* (2000).

Boubacar Boris Diop choisit la fiction pour «témoigner» dans *Murambi*, avec la prise en compte de la parole du rescapé, mais aussi du bourreau, remettant en question la distance qui sépare la fiction du témoignage. Le romancier s'autorise des licences, installe même une certaine empathie vis-à-vis du bourreau dans son jeu de la narration et de la mise en scène romanesque – mais cette empathie, à quelques exceptions près, est absente de l'imaginaire du rescapé dont les faits racontés ne tirent pas leur essence des circonvolutions de l'imaginaire comme chez l'écrivain. Diop pourrait être considéré comme celui qui représente le lien entre la littérature d'engagement connue des textes africains antérieurs qu'il essayait ici de raviver dans une démarche à la fois explicative, pédagogique, mais aussi critique…

Dans *L'Aîné des orphelins*, Tierno Monénembo préfère à la fois la liberté de la fiction et celle des faits qui, eux-mêmes, peuvent relever de l'imagination de l'auteur, avec une réinvention de la langue, non pas la même que l'on retrouve dans les propos recueillis par Jean Hatzfeld dans ses différents ouvrages, mais une langue d'auteur, qui n'est pas forcément celle des Rwandais de la rue. Lorsqu'il s'inspire des faits réels – par exemple les massacres de Nyamata –, ce n'est pas pour les détailler ou les expliquer, mais pour bâtir une fable qui plaide pour l'enfance et montre du doigt combien le génocide détruit cette innocence de l'enfance.

Abdourahman Waberi dans *Moisson de crânes* pose consciemment le cadre de sa démarche :

Écrire après le génocide du Rwanda

« Cet ouvrage s'excuse presque d'exister. Sa rédaction a été ardue, sa mise en chantier différée pendant des semaines et des mois. N'était le devoir moral contracté auprès de divers amis rwandais et africains, il ne serait pas invité à remonter à la surface aussi promptement après deux séjours au pays des mille collines. »

Waberi montre la difficulté d'écrire le génocide, et le devoir moral est contracté auprès des Africains, en particulier les Rwandais, soulignant indirectement que jusque-là ceux-ci et ceux-là attendaient ce que l'écrivain africain « ferait » de la tragédie. La posture de Waberi est alors caractérisée par une humilité prompte à rappeler au lecteur son statut de témoin extérieur – et donc à solliciter auprès de lui une indulgence quant aux caprices et aux licences de la narration.

À travers ces trois voix on constate l'urgence de recentrer la littérature sur l'histoire immédiate. Celle qui frappe en plein cœur le continent noir. Au-delà, c'est presque dire que nous autres écrivains de cette époque sommes des créateurs de l'après-génocide et que, de ce fait, notre écriture s'en trouve bousculée, sinon modifiée dans sa démarche et dans ses choix thématiques.

Écrire après le génocide, une œuvre vaine ?

Si écrire après le génocide du Rwanda c'est de près ou de loin repenser le statut de l'écrivain africain de la fin des années 1990 à nos jours, il ne serait pas question de décréter un mot d'ordre qui ruinerait la liberté de l'imaginaire de l'écrivain et lui affecterait un rôle à plein temps de sapeur-papier. Il s'agit plutôt de prendre conscience que le présent est également une urgence, et peut-être l'urgence la plus immédiate, sans quoi l'impression de l'écrivain reclus dans son île nous collera sans cesse à la peau.

Écrire après le génocide du Rwanda c'est prendre conscience que la littérature africaine d'expression française, dès ses origines, a été impulsée par un élan de contestation, chacun à sa manière, chacun avec sa voix, mais tous regardant dans une même direction, celle qui est censée redonner une dignité au continent noir sans pour autant verser dans un africanisme grégaire car le monde aussi s'ouvre, riche de ses carrefours, de ses rencontres.

Qu'est-ce que finalement pour un écrivain, pour un artiste, qu'écrire après le génocide du Rwanda ? C'est reposer la question du poids de la pensée, de l'imaginaire dans les turbulences des politiques africaines actuelles qui privilégient la culture de l'affrontement, de la division ethnique de la même manière que le faisaient les anciennes puissances coloniales. C'est dans ce sens que je soutiens que la dictature vit à l'aide du lait que lui fournit les mamelles des anciennes puissances coloniales.

Écrire après le génocide du Rwanda, c'est définir une attitude loin de la contemplation, de la marginalisation dans laquelle en Afrique les politiciens cloisonnent le créateur, allant jusqu'à affirmer que les écrivains devraient se cantonner à la littérature et laisser les férus de la politique mener les affaires publiques avec les résultats que nous connaissons aujourd'hui : des guerres civiles se déroulant dans les ténèbres comme aujourd'hui les atrocités qui se passent à Beni, en République démocratique du Congo, ou les massacres répétés par l'armée de Denis Sassou-Nguesso sur les populations de la région du Pool, au sud du Congo-Brazzaville et qui, au fond, sont des génocides parce que s'attaquant à des peuples entiers pour ce qu'ils sont, pour ce qu'ils croient et pour leurs origines...

Écrire après le génocide du Rwanda, c'est donc pointer du doigt les dysfonctionnements nés de la culture de la guerre, des politiques de l'inimitié et des stratégies déployées par les tenants du pouvoir actuels en Afrique qui mettent leurs peuples à genoux sans s'apercevoir qu'ils ne sont que des marionnettes des ambitions des anciennes puissances coloniales.

Aucune guerre, aucun conflit, aucune tragédie en Afrique ne peuvent être perçus, décortiqués sans déconstruire ce lien colonial qui a laissé des empreintes de plus en plus imperceptibles, mais détectables par les attitudes de ces gouvernants dont la caractéristique est de s'accrocher au pouvoir par le jeu des modifications unilatérales des constitutions et du verrouillage de la libre expression, souvent avec la bénédiction de la France. Mais il y a un espoir, une fenêtre ouverte depuis laquelle nous apercevons d'autres chemins. Ces chemins nous conduisent vers la redéfinition de notre attitude, avec une ultime recommandation : ne plus attendre dans « l'attitude stérile du spectateur » que les choses bougent d'elles-mêmes...

POST-SCRIPTUM

*Lettre ouverte
au président de la République française*
(15 janvier 2018)

Monsieur le Président,
Dans votre discours du 28 novembre à l'université de Ouagadougou, puis dans un courrier officiel que vous m'avez adressé le 13 décembre, vous m'avez proposé de «contribuer aux travaux de réflexion que vous souhaitez engager autour de la langue française et de la Francophonie».

Au XIXe siècle, lorsque le mot «francophonie» avait été conçu par le géographe Onésime Reclus, il s'agissait alors, dans son esprit, de créer un ensemble plus vaste, pour ne pas dire de se lancer dans une véritable expansion coloniale. D'ailleurs, dans son ouvrage *Lâchons l'Asie, prenons l'Afrique* (1904), dans le dessein de «pérenniser» la grandeur de la France il se posait deux questions fondamentales: «Où renaître? Comment durer?»

Qu'est-ce qui a changé de nos jours? La Francophonie est malheureusement encore perçue comme la continuation de la politique étrangère de la France dans ses anciennes colonies. Repenser la Francophonie ce n'est pas seulement «protéger» la langue française qui, du reste, n'est pas du tout menacée comme on a tendance à le proclamer dans un élan d'autoflagellation propre à la France. La culture et la langue françaises gardent leur prestige sur le plan mondial.

Les meilleurs spécialistes de la littérature française du Moyen Âge sont américains. Les étudiants d'Amérique du Nord sont plus sensibilisés aux lettres francophones que leurs camarades français. La plupart des universités américaines créent et financent sans l'aide de la France des départements de littérature française et d'études francophones. Les écrivains qui ne sont pas nés en France et qui écrivent en français sont pour la plupart traduits en anglais : Ahmadou Kourouma, Anna Moï, Boualem Sansal, Tierno Monénembo, Abdourahman Waberi, Ken Bugul, Véronique Tadjo, Tahar Ben Jelloun, Aminata Sow Fall, Mariama Bâ, etc. La littérature française ne peut plus se contenter de la définition étriquée qui, à la longue, a fini par la marginaliser alors même que ses tentacules ne cessent de croître grâce à l'émergence d'un imaginaire-monde en français.

Tous les deux, nous avions eu à cet effet un échange à la Foire du livre de Francfort en octobre dernier, et je vous avais signifié publiquement mon désaccord quant à votre discours d'ouverture dans lequel vous n'aviez cité aucun auteur d'expression française venu d'ailleurs, vous contentant de porter au pinacle Goethe et Gérard de Nerval et d'affirmer que « l'Allemagne accueillait la France et la Francophonie », comme si la France n'était pas un pays francophone !

Dois-je rappeler aussi que le grand reproche qu'on adresse à la Francophonie « institutionnelle » est qu'elle n'a

Lettre ouverte au président de la République française

jamais pointé du doigt en Afrique les régimes autocratiques, les élections truquées, le manque de liberté d'expression, tout cela orchestré par des monarques qui s'expriment et assujettissent leurs populations *en français*? Ces despotes s'accrochent au pouvoir en bidouillant les constitutions (rédigées *en français*) sans pour autant susciter l'indignation de tous les gouvernements qui ont précédé votre arrivée à la tête de l'État.

Il est certes louable de faire un discours à Ouagadougou à la jeunesse africaine, mais il serait utile, Monsieur le Président, que vous prouviez à ces jeunes gens que vous êtes d'une autre génération, que vous avez tourné la page et qu'ils ont droit, ici et maintenant, à ce que la langue française couve de plus beau, de plus noble et d'inaliénable : la liberté.

Par conséquent, et en raison de ces tares que charrie la Francophonie actuelle – en particulier les accointances avec les dirigeants des républiques bananières qui décapitent les rêves de la jeunesse africaine –, j'ai le regret, tout en vous priant d'agréer l'expression de ma haute considération, de vous signifier, Monsieur le Président, que je ne participerai pas à ce projet.

Alain Mabanckou

*Allocution pour le Monument aux héros
de l'Armée noire*

(Reims, le 6 novembre 2018)

Monsieur le président de la République française
Monsieur le président de la République du Mali,
Mesdames, Messieurs les Ambassadeurs,
Mesdames, Messieurs,

Il y a maintenant soixante-dix ans que Léopold Sédar Senghor – un des chantres de la Négritude – publiait le recueil *Hosties noires* (1948) dans lequel il évoquait alors le sacrifice des combattants noirs morts pour la France :

> *Vous Tirailleurs Sénégalais, mes frères noirs à la main chaude sous la glace et la mort*
> *Qui pourra vous chanter si ce n'est votre frère d'armes, votre frère de sang ? […]*
> *Vous n'êtes pas des pauvres aux poches vides sans honneur*
> *Mais je déchirerai les rires banania sur tous les murs de France.*

Aujourd'hui, plus que jamais, Mesdames et Messieurs, je me sens héritier de cet immense poème. Un siècle après la Grande Guerre, ce Monument aux héros de l'Armée noire rend ainsi visible l'engagement des centaines de milliers de combattants africains.

Les Comoriens, les Sénégalais, les Congolais, les Somalis, les Guinéens, les Béninois, les Malgaches sont venus se battre aux côtés de la France, et plus de 30 000 d'entre eux sont morts sur les champs de bataille. Par un effet de miroir, ce Monument glorifie également les dizaines de milliers d'Africains-Américains, d'Antillais, de Réunionnais, de Guyanais et de Kanaks qui ont sacrifié leur vie pour cette nation.

C'est en 1921 que fut annoncée l'idée de ce Monument.

1921, souvenons-nous, marque le point de départ de l'idéologie dite de la « honte noire » en Allemagne et qui dénonçait la présence des soldats de couleur dans les territoires occupés de la Ruhr. Cette violente campagne sera alimentée outre-Rhin dans la presse, au cinéma, par des affiches, des pamphlets suivis de manifestations publiques accusant les troupes dites « nègres » de mettre en « péril l'avenir de la race allemande »…

Pourtant, l'opinion française volera au secours de nos « tirailleurs ». Les autorités françaises publieront, le 11 mai 1922, un rapport pour s'opposer à ces attaques racistes et, cinq mois plus tard, elles poseront la première pierre de ce monument à Reims, nous sommes alors le 29 octobre 1922. Le Monument aux héros de l'Armée noire, créé par le sculpteur Paul Moreau-Vauthier et l'architecte Auguste Bluysen, ne sera néanmoins inauguré qu'en 1924.

Tout cela n'empêchera pas le discours raciste de fermenter, d'être repris par les nationaux-socialistes en Allemagne.

Allocution pour le Monument aux héros de l'Armée noire

Adolf Hitler s'en inspirera d'ailleurs dans son *Mein Kampf*. Il consacrera tout un chapitre à ces troupes noires et leur préparera une vengeance apocalyptique. Ainsi, entre les mois de mai et de juin 1940, les forces allemandes massacreront entre 2000 et 2500 Noirs après leur capture et après les combats.

Et ce n'était pas tout ! En effet, de passage à Reims, Himmler, l'un des plus hauts dignitaires du Troisième Reich, dans une note de juillet 1940, scandalisé à la découverte de ce Monument, exigea qu'on le démontât. Son socle où figurent les faits d'armes des troupes noires fut de ce fait détruit.

Et ce n'était pas tout ! Une fois l'ouvrage mémoriel démonté, ils l'emporteront en Allemagne dans le dessein de l'exhiber, puis de dénoncer avec une preuve tangible ce qu'ils appelaient alors la « France dégénérée »…

C'est ainsi que, le 10 septembre 1940, le monument subira l'affront suprême : il quittera Reims pour l'Allemagne nazie.

Et ce n'était pas tout ! Avant de l'emporter, les Allemands saccageront son socle en granit rapporté d'Afrique, en forme de tata, de type soudanais, où étaient gravées les principales batailles dans lesquelles les troupes africaines étaient engagées.

Ironie de l'histoire, ou peut-être grâce à la puissance de ces arrière-parents du continent noir, il n'atteindra jamais Berlin… et terminera dans une fonderie qui fit disparaître la représentation des 4 soldats noirs autour de leur officier blanc tenant le drapeau français.

Il ne reste à ce jour que quelques fragments de ce socle au fort de la Pompelle…

Huit leçons sur l'Afrique

Dans mon continent, cette histoire a aussi laissé des traces. Entre les souvenirs de la guerre de 14-18, ceux de la Seconde Guerre mondiale, mais aussi ceux des massacres de tirailleurs sénégalais qui rentraient du front en décembre 1944 à Thiaroye, nous n'avons rien oublié. Il existe en Afrique le double de ce monument de Reims, inauguré en janvier 1924 à Bamako, au Mali, dans ce pays noble et digne où nombre de Bambara et de Mossi furent recrutés pour les tranchées.

C'est par conséquent, et par ricochet, un hommage sur les deux rives à ces combattants. Certains diront que ce fut une publicité personnelle du général Louis Archinard, le conquérant du Mali, territoire alors dénommé Soudan, car c'est lui qui présidait le comité pour l'édification de cet ouvrage avec, à ses côtés, le député Blaise Diagne, l'homme de la mobilisation des troupes noires...

Mais les polémiques n'ont pas leur place ici.

Pour nous, Mesdames et Messieurs, ce monument de Reims est plus qu'un symbole, c'est une lutte puisqu'il aura fallu un siècle pour y parvenir. D'autres avaient essayé en 1958. À cette époque de fin d'empire colonial, une stèle en granit avait été édifiée car on ne voulait pas rebâtir à l'identique les quatre soldats noirs et leur officier blanc au centre. Trop colonial sans doute pour l'époque, en pleine guerre d'Algérie. Puis un nouveau monument de 7 mètres de haut fut élevé en 1963. Puis une copie en 2013, édifiée dans ce parc de Champagne, grâce au Conseil général de la Marne, au Conseil régional de Champagne-Ardenne et à la volonté de l'État français.

Allocution pour le Monument aux héros de l'Armée noire

Désormais le symbole est là, devant nous, entre notre passé et notre avenir, mais surtout au cœur de notre présent...

Nous nous rappellerons sans cesse que cet ouvrage incarne ces combattants de 1918 qui ont pris part à la défense de Reims. Notamment face à l'offensive allemande du 27 mai 1918 autour du fort de la Pompelle.

Nous nous rappellerons aussi que le 9 juin 1918, ces mêmes combattants noirs empêchèrent les Allemands de prendre pied sur la montagne de Reims.

Nous nous rappellerons enfin ceux-là qui résistèrent au 3e choc, le 15 juillet 1918, et qui repoussèrent la prise de Reims.

Oui, jusqu'au bout ces implacables combattants se seront battus, et les Allemands reculeront définitivement le 6 octobre 1918. C'est ce fait d'armes, orchestré avec habileté par le 1er corps de l'armée coloniale, qui est au centre des commémorations de ce 6 novembre 2018...

Cette Armée noire est celle de l'histoire des résistances face à cet «impôt du sang» et aux recrutements forcés, comme en Afrique de l'Ouest dans la région de Ségou, ou dans l'Ouest-Volta en 1915 ou encore aux Antilles. Le recrutement de ces forces s'opéra en 1917. George Clemenceau décida de faire appel au député français d'origine sénégalaise Blaise Diagne, qui entra au gouvernement en janvier 1918 en tant que haut-commissaire de la République pour l'enrôlement de nouveaux combattants en Afrique occidentale française.

Huit leçons sur l'Afrique

Paradoxalement, la Grande Guerre avait, à sa manière, fait entrer l'Afrique dans une nouvelle destinée. Et c'est dans les tranchées de ce conflit qu'a commencé à germer une idée concrète, entre des hommes venus de différents territoires, entre des hommes noirs qui se croisaient pour la première fois et qui allaient plus tard inspirer un autre combat, celui des indépendances des nations africaines...

Non, ces troupes noires n'étaient pas la chair à canon, pas plus que leurs frères combattants venus de Bretagne, d'Auvergne ou des Landes, également blessés ou morts au front. Comme le souligne Pascal Blanchard, spécialiste de l'histoire coloniale, dans le livre *La France noire* dont j'ai eu l'honneur d'assurer la préface, cette histoire est française et africaine par sa complexité, mais encore à travers ce qu'elle symbolise dans le présent. Ces combattants ne sont pas seulement des *victimes* de l'histoire, ils ne sont pas exclusivement les *héros* exemplaires de la colonisation, ils ont écrit l'histoire de France avec leur sang, et ils méritent leur place dans la mémoire collective qui patiente depuis longtemps et attend que nous nous retournions afin de reconnaître son vrai visage.

C'est cette histoire qu'il nous faudra dorénavant raconter, à la manière du réalisateur et historien Éric Deroo, lui qui a montré combien les rapports furent multiples, équivoques et contradictoires dans ce conflit. Et pourtant c'est dans cette épaisseur, et pourtant c'est dans cette diversité que devra se bâtir cette mémoire collective, loin des démagogies les plus farfelues, loin de la chaîne de révisions de l'Histoire érigée à notre époque en monnaie courante...

Allocution pour le Monument aux héros de l'Armée noire

Oui, ces hommes que nous célébrons ce jour ont combattu pour la liberté d'un territoire pourtant éloigné de leurs propres terres – parce qu'ils avaient cru à juste titre que la liberté n'avait pas de frontière et qu'on ne balançait pas un manuel de natation à celle ou celui qui était en train de se noyer.

Il s'agit pour nous, désormais, d'honorer sans discontinuer ces héros. Nous le faisons aujourd'hui par des symboles, il nous faudra maintenant franchir le Rubicon, accélérer l'avènement d'une démocratie dans le continent africain qui demeure encore l'un des derniers bastions des dictatures, des incarcérations arbitraires, des attitudes qui contrastent avec celles de ces courageux qui nous ont précédés par l'exemple, par le sens du devoir, j'allais dire par une idée certaine de la fraternité et de l'entraide.

Ne cherchons plus à définir le courage et l'héroïsme. Ils ont un nom. Ils ont un visage. Ces héros de l'Armée noire ont porté le sacrifice en bandoulière jusqu'à leur dernier souffle afin que ne s'éteignent jamais la flamme de la liberté, la constance de notre intransigeance contre les extrémismes, le racisme et autres idéologies de la suprématie raciale. Ils ont été vos frères de lutte. Ils sont vos pères par alliance, ils sont vos cousins par solidarité, ils sont mes parents par le sang versé – mais qui continue à couler et à se régénérer dans mes veines.

Nous les saluons respectueusement en ce jour, parce que nous savons, avec le poète sénégalais Birago Diop, que ceux qui sont morts, oui ceux qui sont morts, ne sont jamais partis. Ne recherchez donc pas ces héros sous la terre car ils sont dans l'Ombre qui s'éclaire, dans l'Ombre qui s'épaissit, dans l'Eau qui dort, dans le Rocher qui gémit, parce que, Mesdames et Messieurs, ils sont désormais le Souffle de nos ancêtres communs...

Je vous remercie.

NOTES

1. Patrick Boucheron, *Ce que peut l'histoire*, Fayard, Paris, 2016.
2. Antoine Compagnon, *La Littérature, pour quoi faire?*, Paris, Collège de France/Fayard, 2007, p. 15. URL (texte intégral): https://books.openedition.org/cdf/524 (§ 5).
3. François de Negroni, *Afrique fantasmes*, Paris, Plon, 1992.
4. Jean de la Guérivière, «Bien sûr, tout commence par les explorations», *Les Cahiers du Sielec*, n° 1 (*Littérature et colonies*), Paris/Pondichéry, Kailash Éditions, 2003, p. 50.
5. Olfert Dapper, *Description de l'Afrique*, traduction française de 1686, p. 339.
6. Mungo Park, *Voyage dans l'intérieur de l'Afrique*, Paris, La Découverte, coll. «Poche/essais», 2009.
7. René Caillié, *Voyage à Tombouctou*, Paris, La Découverte, coll. «Poche/essais», 2007.
8. Jean-Marie Seillan, *Aux sources du roman colonial. L'Afrique à la fin du XIXe siècle*, Paris, Karthala, 2006, p. 38.
9. Jean-François Staszak, «Qu'est-ce que l'exotisme?», *Le Globe*, 2008, p. 24.
10. Jean-Marie Seillan, *Aux sources du roman colonial, op. cit.*, p. 8.

11. Chinua Achebe, « An image of Africa: Racism in Conrad's *Heart of Darkness* », *Massachusetts Review*, vol. 18, n° 4, 1977.

12. Bernard Mouralis, *Littérature et développement*, Paris, Silex, 1981, p. 309.

13. Roland Lebel, *L'Afrique occidentale dans la littérature française (depuis 1870)*, Paris, Larose, 1925, p. 213.

14. Michel Leiris, *L'Afrique fantôme*, Paris, Gallimard, 1934; rééd. coll. « Tel Quel », 2008, p. 12-13.

15. Paul Morand, *Paris-Tombouctou*, Paris, Flammarion, coll. « La Rose des vents », 1928.

16. Nicolas Bancel, Pascal Blanchard et Sandrine Lemaire, « Ces zoos humains de la République coloniale », *Le Monde diplomatique*, août 2000, p. 16-17.

17. Albert Londres, *Terre d'ébène*, Paris, Arléa, 2008, p. 11.

18. Jean Derive, Jean-Louis Joubert et Michel Laban, « Afrique noire (Culture et société) – Littératures », Encyclopædia Universalis [en ligne], consulté le 30 janvier 2016. URL : http://www.universalis.fr/encyclopedie/afrique-noire-culture-et-societe-litteratures

19. Andrea Cali, « Le roman négro-africain avant l'indépendance : le roman colonisé », *Les Cahiers du Sielec*, n° 1 (*Littérature et colonies*), Paris/Pondichéry, Kailash Éditions, 2003, p. 324.

20. Maran signe, par exemple, un article intitulé « Pourquoi ne vend-on pas d'automobiles dans nos colonies ? », *Je suis partout*, 27 juin 1936.

21. Léopold Sédar Senghor, in *Hommage à René Maran*, Paris, Présence Africaine, 1965.

22. Mongo Beti, « L'Afrique noire, littérature rose », *Présence Africaine*, n°s 1-2 (avril-juillet 1955), p. 133-145.

23. Alain Mabanckou, *Le Monde est mon langage*, Paris, Grasset, 2016.

Notes

24. Dominic Thomas, *Noirs d'encre. Colonialisme, immigration et identité au cœur de la littérature afro-française*, traduit de l'anglais par Dominique Haas et Karine Lolm, Paris, La Découverte, 2013.

25. Colloque paru sous le titre *Penser et écrire l'Afrique aujourd'hui*, Seuil, 2017.

26. W. E. B. Du Bois, *Les Âmes du peuple noir*, Paris, Rue d'Ulm, 2004 ; et aussi en poche chez La Découverte, Paris, 2007, 350 p.

27. Léopold Sédar Senghor, *Trois poètes négro-américains*, in *Poésie 45*, Paris, Seghers, 1945.

28. Michel Fabre, *La Rive noire. Les écrivains noirs américains à Paris 1830-1995*, André Dimanche, 1999.

29. Dany Laferrière, *L'Écriture donne aux Haïtiens l'impression de n'avoir pas perdu la face*, Jeune Afrique, 17/03/2016.

30. Henock Trouillot, *Haïti ou la Négritude avant la lettre*, Éthiopiques, numéro spécial, novembre 1976.

31. Jean Price-Mars, *Ainsi parla l'Oncle*, nouvelle édition, Mémoire d'encrier, Montréal, 2009.

32. *Introduction aux littératures francophones*, Catherine Ndiaye (dir.), Les Presses de l'Université de Montréal, 2004, p. 18.

33. Jacqueline Sorel, *Léopold Sédar Senghor. L'émotion et la raison*, Paris, Sépia, 1995, p. 44.

34. Jacqueline Sorel, *op. cit.*, 43-44.

35. Thomas A. Hale, *Les Écrits d'Aimé Césaire, Études françaises* 14, 3-4, Les Presses de l'Université de Montréal, 10/1978.

36. http://www.assemblee-nationale.fr/histoire/aime-cesaire/tapuscrit.asp

37. Kathleen Gyssels, « Sartre postcolonial ? Relire *Orphée noir* plus d'un demi-siècle après », *Cahier d'Études africaines*, 2005/3 (n° 179-180), p. 631.

38. France Culture, 1993, célébration du quatre-vingtième anniversaire de Césaire.

39. Philippe Decraene, *Le Panafricanisme*, Que sais-je?, n° 874, PUF, 1959, p. 29-30.

40. Aimé Césaire, *Ma poésie est née de l'action*, interviewé par Francis Marmande, *Le Monde des livres*, 12 avril 2008.

41. Tanella Boni, «Femmes en Négritude : Paulette Nardal et Suzanne Césaire», *Descartes*, 2014/4 (n° 83), p. 62-76.

42. Aimé Césaire, *Discours sur le colonialisme* suivi de *Discours sur la Négritude*, Paris, Présence Africaine, 2004, p. 80.

43. Aimé Césaire, *ibid*.

44. Suzanne Césaire, *Le Grand Camouflage, Écrits de dissidence (1941-1945)*, Seuil, 2009.

45. Philippe Tesseron, *Qui est Paulette Nardal?*, Témoignages, 12 juillet 2006.

46. Michel Dacher, «La Civilisation de la femme dans la tradition africaine, Rencontre par la Société africaine de Culture», *Cahier d'Études africaines*, 1977, vol. 17, n° 65, p. 97.

47. Jean Derive, Jean-Louis Joubert, Michel Laban, «Afrique noire (Culture et société) Littératures», Encyclopædia Universalis [en ligne], consulté le 25 mars 2016. URL : http://www.universalis.fr/encyclopedie/afrique-noire-culture-et-societe-litteratures/

48. James Campbell, *Talking at the Gates: A Life of James Baldwin*, University of California Press, 1991, p. 109.

49. Kathleen Gyssels, *op. cit*, p. 631-650.

50. Stanislas Spero Adotevi, *Négritude et Négrologues*, Le Castor Astral, 1998, p. 17.

51. *Négritude et Négrologues, op. cit.*, p. 12.

52. Célestin Monga, *Nihilisme et Négritude*, PUF, coll. «Perspectives critiques», 2009, p. 29.

53. Deborah Lifchitz, «Compte rendu de Doguicimi», *Journal de la Société des africanistes*, année 1938, vol. 8, n° 2, p. 212-213.

54. Ada Ozoamaka Azodo, *Entretien avec Aminata Sow Fall*, Indiana University Northwest, 14 mars 2005.

Notes

55. Nathalie Philippe, *Écrivains migrants, littératures d'immigration, écritures diasporiques : Le cas de l'Afrique subsaharienne et ses enfants de la "postcolonie"*, Hommes et Migration, 2012, p. 30-43.

56. Odile Cazenave, *Afrique sur Seine, une nouvelle génération de romanciers africains à Paris*, L'Harmattan, 2003.

57. Bernard Dadié, *Un nègre à Paris*, Présence Africaine, 1959.

58. Dominic Thomas, *Noirs d'encre, op. cit.*, p. 14.

59. Abdourahman Waberi, « Les Enfants de la postcolonie. Esquisse d'une nouvelle génération d'écrivains francophones d'Afrique noire », *Notre Librairie*, n° 135, Paris, 1998.

60. Jacques Chevrier, *Anthologie africaine 1., le roman et la nouvelle*, Éd. Hatier, coll. Monde noir, Paris, 2002, p. 324-326.

61. Jean-François Staszac, *op. cit.*

62. Binyavanga Wainaina, *Comment écrire sur l'Afrique*, in *L'Afrique qui vient*, Michel Le Bris et Alain Mabanckou, Hoebeke, 2013.

63. Max Roy, *Le Titre des œuvres : accessoire, complément ou supplément*, in *Le Titre des œuvres : accessoire, complément ou supplément*, sous la direction de Nycole Paquin, Protée, vol. 36, n° 3, hiver 2008, p. 47-56.

64. Édouard Launet, « Rentrer dans la Blanche », *Libération*, 9 mars 2006.

65. Manfred Gsteiger, « Dictionnaire historique de la Suisse » *DHS*, 24/09/2009. Article consultable sur le lien suivant : https://hls-dhs-dss.ch/fr/articles/011214/2009-09-24/

66. Propos recueillis par David Gakunzi, Paris Global Forum, www.parisglobalforum.org/2017/01/07/interview-tchicaya-u-tam-si-poete-africain/

67. Guy Ossito Midiohouan, « Le phénomène des "littératures nationales" en Afrique », Peuples Noirs Peuples Africains n° 27, 1982, p. 57-70.

68. Patrice Nganang, « Écrire sans la France », *Africultures* n° 60.

Huit leçons sur l'Afrique

69. Entretien de Boubacar Boris Diop avec Jean-Marie Volet in *Mots Pluriels* n° 9, 1999.

70. Nabo Sene, « Des sociétés africaines morcelées », *Le Monde Diplomatique*, n° 586, janvier 2003.

71. Slate Afrique, 4/04/2012.

72. *La France noire*, ouvrage collectif sous la direction de Sylvie Chalaye, Éric Deroo, Dominic Thomas, Mahamet Timera et Pascal Blanchard, préface d'Alain Mabanckou, La Découverte, Paris, 2012.

73. Alex Haley, *Racines*, JC Lattès, 1993. Le film *Roots : The Saga of an American family*, est sorti en 1976 et a été diffusé en France sous le titre *Racines*.

74. Yambo Ouologuem, *Le Devoir de violence*, Seuil, 1968 ; Serpent à plumes, 2003.

75. *Penser et écrire l'Afrique aujourd'hui*, sous la dir. d'Alain Mabanckou, Paris, Seuil, 2017.

76. Charlotte Lacoste, *L'Enfant soldat dans la production culturelle contemporaine, figure totémique de l'humaine tribu*. L'enfant-combattant, Hal-Shs, Nov 2010, France.

77. Charlotte Lacoste, *ibid*.

78. Charlotte Lacoste, *ibid*.

79. Isaac Bazié, « Écritures de violence et contraintes de la réception : Allah n'est pas obligé dans les critiques journalistiques française et québécoise », *Présence francophone*, n° 61, 2003, p. 90.

80. Christiane Ndiaye, « *La mémoire discursive dans Allah n'est pas obligée ou la poétique de l'explication du "blablabla" de Birahima* », *Études africaines*, vol. 42, n° 3, 2006, p. 77-96.

81. Interview d'Ahmadou Kourouma réalisée par Catherine Argand, *L'Express*, 1/09/2000.

82. L'intégralité du discours de François Mitterrand est disponible sur le site de Radio France Internationale http://www1.rfi.fr/actufr/articles/037/article_20103.asp

Notes

83. Jean-Pierre Chrétien, Marcel Kabanda, *Rwanda, Racisme et génocide. L'idéologie hamitique*, Paris, Belin, 2013, p. 15.

84. Jean-Pierre Chrétien, Marcel Kabanda, *ibid*.

85. Catherine Coquio, *Rwanda : le réel et les récits*, Belin, Paris, 2004.

86. Paul de Perugia, *Les Derniers Rois mages : Chez les Tutsi du Rwanda, chronique d'un royaume oublié*, Paris, Phébus, réed. 1991.

87. Groupov, Rwanda 94, éditions Théâtrales, Montreuil, 2002.

TABLE

Avant-propos... 7

PREMIÈRE LEÇON
Lettres noires : des ténèbres à la lumière.............. 17

DEUXIÈME LEÇON
Qu'est-ce que la Négritude ?........................... 55

TROISIÈME LEÇON
De quelques thématiques de la littérature africaine... 85

QUATRIÈME LEÇON
De l'édition de la littérature africaine en France..... 113

CINQUIÈME LEÇON
Littérature nationale et démagogie politique......... 129

SIXIÈME LEÇON
L'Afrique et la « France noire » face à leur histoire ... 141

SEPTIÈME LEÇON
Guerres civiles et enfants soldats en Afrique noire.... 159

Huitième leçon
  Écrire après le génocide du Rwanda................. 175

Post-scriptum 193

Lettre ouverte au président
  de la République française......................... 195

Allocution pour le Monument aux héros
  de l'Armée noire....................................... 199

Notes.. 209

DU MÊME AUTEUR (suite)

Mémoires de porc-épic, roman, prix Renaudot 2006, prix de la Rentrée littéraire 2006, prix Aliénor d'Aquitaine 2006, prix Artistes du monde du ministère français des Affaires étrangères 2006, Seuil, 2006 et «Points», n° P1742

Lettre à Jimmy, récit, Fayard, 2007 et «Points», n° P2072

Black Bazar, roman, Seuil, 2009 et «Points», n° P2317

L'Europe depuis l'Afrique (avec Christophe Merlin), Naïve, 2009

Anthologie. Six poètes d'Afrique francophone (direction d'ouvrage) «Points Poésie», n° P2320, 2010

Ma sœur-étoile (illustrations de Judith Gueyfier), Seuil Jeunesse, 2010

Demain j'aurai vingt ans, roman, prix Georges-Brassens, Gallimard, 2010 et «Folio», n° 5378

Écrivain et oiseau migrateur, récit, André Versaille éditeur, 2011

Le Sanglot de l'homme noir, essai, Fayard, 2012 et «Points», n° P2953

Tais-toi et meurs, roman, La Branche, 2012 et «Pocket», n° 15300

Lumières de Pointe-Noire, récit, Seuil, 2013 et «Points», n° P3203

Petit Piment, roman Seuil, 2015 et «Points», n° P4465

Lettres noires, des ténèbres à la lumière – Leçon inaugurale Fayard/Collège de France, 2016 et en poche «Pluriel», Fayard, 2019

Le Monde est mon langage, essai, Grasset, 2016 et «Points», n° P4635

Penser et écrire l'Afrique aujourd'hui (direction d'ouvrage) Seuil, 2017

Les Cigognes sont immortelles, roman, Seuil, 2018

Cet ouvrage a été achevé d'imprimer
par CPI Brodard et Taupin à La Flèche
pour le compte des éditions Grasset
en décembre 2019.

Mise en page par Soft Office

N° d'édition : 21292 – N° d'impression : 3036600
Dépôt légal : janvier 2020
Imprimé en France